书山有路勤为径,优质资源伴你行
注册世纪波学院会员,享精品图书增值服务

[美]
詹姆斯·M.库泽斯　巴里·Z.波斯纳
(James M. Kouzes)　(Barry Z. Posner)
著

王莉 译

激励人心
—— 典藏版 ——
提升领导力的必要途径

Encouraging The Heart
A Leader's Guide to Rewarding and Recognizing Others

电子工业出版社
Publishing House of Electronics Industry
北京·BEIJING

James M. Kouzes and Barry Z. Posner: Encouraging The Heart: A Leader's Guide to Rewarding and Recognizing Others

Copyright © 2003 by John Wiley & Sons, Inc.

All rights reserved. This translation published under license. Authorized translation from the English language edition published by John Wiley & Sons, Inc.

No part of this book may be reproduced in any form without the written permission of John Wiley & Sons, Inc. Simplified Chinese translation edition Copyright © 2019 by Century Wave Culture Development Co-PHEI.

本书中文简体字版由 John Wiley & Sons, Inc.授权电子工业出版社独家出版发行。未经书面许可，不得以任何方式抄袭、复制或节录本书中的任何内容。

版权贸易合同登记号　图字：01-2005-6325

图书在版编目（CIP）数据

激励人心：提升领导力的必要途径：典藏版 /（美）詹姆斯·M.库泽斯（James M. Kouzes），（美）巴里·Z.波斯纳（Barry Z. Posner）著；王莉译. —北京：电子工业出版社，2019.4
书名原文：Encouraging the Heart: A Leader's Guide to Rewarding and Recognizing Others
ISBN 978-7-121-35962-0

Ⅰ.①激… Ⅱ.①詹… ②巴… ③王… Ⅲ.①企业管理－人事管理－激励 Ⅳ.①F272.92

中国版本图书馆 CIP 数据核字(2019)第 015359 号

策划编辑：刘露明
责任编辑：刘淑敏
印　　刷：北京捷迅佳彩印刷有限公司
装　　订：北京捷迅佳彩印刷有限公司
出版发行：电子工业出版社
　　　　　北京市海淀区万寿路 173 信箱　邮编 100036
开　　本：720×1000　1/16　印张：11.5　字数：155 千字
版　　次：2019 年 4 月第 1 版
印　　次：2024 年 8 月第 17 次印刷
定　　价：48.00 元

凡所购买电子工业出版社图书有缺损问题，请向购买书店调换。若书店售缺，请与本社发行部联系，联系及邮购电话：(010) 88254888，88258888。
质量投诉请发邮件至 zlts@phei.com.cn，盗版侵权举报请发邮件至 dbqq@phei.com.cn。
本书咨询联系方式：(010) 88254199，sjb@phei.com.cn。

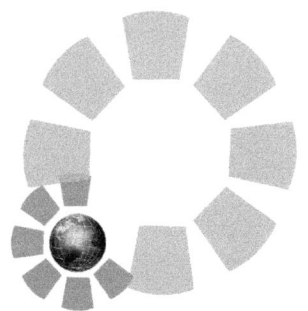

目　　录
Contents

作者简介 / VI

导言 / X

第 1 章　领导力的核心 / 1

　　渴望被认可 / 3

　　开放我们自己 / 4

　　揭示出的一个秘密 / 6

　　只需要说声谢谢你 / 10

第 2 章　激励的七个要素 / 13

　　设定明确的标准 / 17

　　期望最好的结果 / 19

　　关注所有的人和事 / 20

　　使认可个人化 / 21

　　讲述故事 / 22

　　一起庆祝 / 25

　　树立榜样 / 27

　　下章内容 / 28

第3章　激励问卷 / 31

　　　　　　　　　　激励问卷 / 33
　　　　　　　　　　激励问卷评分方法 / 35
　　　　　　　　　　提高你的分数 / 38

第4章　第一个要素　设定明确的标准 / 39

　　　　　　　　　　我们可以从童子军身上学到许多东西 / 41
　　　　　　　　　　承诺产生于个人的价值观 / 44
　　　　　　　　　　目标集中我们的思想并且塑造我们 / 46
　　　　　　　　　　目标加反馈令我们投入 / 48
　　　　　　　　　　激励是反馈 / 51

第5章　第二个要素　期望最好的结果 / 55

　　　　　　　　　　高期望导致高绩效 / 59
　　　　　　　　　　积极的设想创造积极的可能性 / 62
　　　　　　　　　　谁领导领导者 / 63
　　　　　　　　　　自尊对所有的人都是一种收益 / 64

第6章　第三个要素　关注所有的人和事 / 67

　　　　　　　　　　丢弃闪光的徽章 / 69
　　　　　　　　　　释放积极性 / 71
　　　　　　　　　　把别人放在第一位 / 72
　　　　　　　　　　用你的双眼和心来倾听 / 73
　　　　　　　　　　逗留一下 / 76
　　　　　　　　　　成为朋友并且开诚布公 / 78
　　　　　　　　　　寻找然后你就会发现 / 80

第7章　第四个要素　使认可个人化 / 83

　　　　　　　　　　认可如果不是个人化的就可能有负面影响 / 85
　　　　　　　　　　了解他们所喜欢的 / 87
　　　　　　　　　　个人化与文化性 / 88
　　　　　　　　　　花些时间去考虑 / 89

目 录

第 8 章　第五个要素　讲述故事 / 93

故事就是事实 / 95

通过故事教育、动员并且激励 / 97

优秀的领导者是优秀的讲故事者 / 99

如何讲一个好故事 / 100

关于技术的几句话 / 103

第 9 章　第六个要素　一起庆祝 / 107

把庆祝作为一种文化 / 109

我们想让别人参与我们的生活 / 112

亲密带来健康，孤独导致伤害 / 113

用庆祝构建大家庭 / 114

用庆祝强化价值观 / 116

培育你的关系网 / 117

第 10 章　第七个要素　树立榜样 / 121

信任的基础 / 124

以激励开始你的早晨 / 127

领导者先开始 / 130

第 11 章　找到你的声音 / 135

超越工具和技巧 / 137

和关心人有关的其他因素 / 139

第 12 章　激励人心的 150 种方法 / 143

第一个要素：设定明确的标准 / 144

第二个要素：期望最好的结果 / 147

第三个要素：关注所有的人和事 / 150

第四个要素：使认可个人化 / 153

第五个要素：讲述故事 / 155

第六个要素：一起庆祝 / 157

第七个要素：树立榜样 / 161

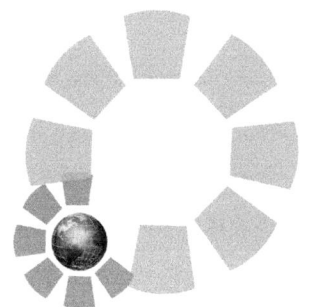

作者简介
The Authors

詹姆斯·库泽斯和巴里·波斯纳二人合作了30多年,一直致力于领导者和领导力的研究,以及领导力的开发活动,并作为各种机构的领导者,亲自参与领导力的实践。《领导力》一书被翻译成20余种语言,在全世界卖了250多万册。《领导力》一书获奖无数,包括国家图书评审编辑奖,James A. Hamilton Hospital Administrator 年度图书奖,Fast Company 评选的最佳商业书,以及 The 100 Best Business Books of All Time 推荐的百佳商业书籍。

詹姆斯和巴里合著了十几本有关领导力方面的获奖书籍,包括《成为一名卓越领导者的五大核心实践》《不开玩笑,你需要知道的一些事情真相》《信誉》《激励人心》《激励和认可他人的领导者手册》《留下你的印记》《青少年领导力》,在澳大利亚和新西兰出版的《卓越领导力》,在亚洲出版的《创造卓越》《创造理想工作场地的领导力五项实践》和《应用卓越领导力的五项实践》。

詹姆斯和巴里还开发了受到高度赞誉的"领导力实践数据库"(领越LPI®)——一项针对领导行为的360°评估,如今已成为世界上被广泛使用的领导力评估工具之一;此外,还有青少年版的领越LPI®。有超过800篇的博士论文和学术研究应用了"卓越领导力的五项实践"的模型框架。

詹姆斯和巴里还获得了美国人才发展协会颁发的最高奖项——组织学习和组织绩效杰出贡献奖。此外,他们一直是国际管理协会指定的管理/领导力年度教育大师,位列《卓越领导力》

作者简介

（*Leadership Excellence*）杂志评选的100名思想领袖的前20名，是美国50位顶级领导力教练，是全美最值得信任的100名思想领导者，是*HR*杂志评选的最具国际影响力的思想家，是*Inc.*杂志评选的"改变我们领导方式的50名领导力创新者"和全球30位最优秀的领导力大师。

詹姆斯和巴里经常作为演讲嘉宾参加各种活动，他们分别为全球的数百个组织实施过领导力开发项目，包括：Alberta Health, Apple, Applied Materials, ARCO, AT&T, Australia Institute of Management, Australia Post, Bain Capital, Bank of America, Bose, Charles Schwab, Chevron, Cisco Systems, Clorox, Conference Borard of Canada, Consumers Energy, Dow Chemical, Electronic Arts, FedEx, Genentech, Google, Gymboree, Hewlett-Packard, IBM, Johnson & Johnson, Kaiser Foundation Health Plans and Hospitals, Korean Management Association, Intel, L.L.Bean, Lawrence Livermore National Labs, Locheed Martin, Lucile Packard Children's Hospital, Merck, Monsanto, NetApp, Nationwide Insurance, Northrop Grumman, Novatis, Nvidia, Oracle, PayPal, Petronas, Pixar, Roche Bioscience, Telstra, Siemens, Smithsonian, St. Jude Children's Research Hospital, Texas Medical Center, 3M, TIAA-CREE, Toyota, United Way, Universal Orlando, USAA, Verizon, Visa, Vodafone, Walt Disney Company, Western Mining Corporation, Westpac。他们在70多所院校做过演讲。

詹姆斯·库泽斯是圣克拉拉大学列维商学院领导力系的执行主任，并在全球讲授领导力。他不仅是备受尊敬的领导力领域的学者，也是一位富有经验的管理者，曾被《华尔街日报》提名为美国最受欢迎的12位企业高管教育家。2010年，詹姆斯获得了一项由培训与发展工业协会颁发的最著名的奖项——领导力思想大师奖。2010—2017年，他一直是全美最值得信任的领导力思想

领袖,并在 2015 年获得了终身成就奖;在 2017 年获选全球 30 位顶级的领导力大师。2006 年,詹姆斯获得了国际主持人协会(Toastmasters International)颁发的最高奖——金木槌奖。1988—2000 年,詹姆斯·库泽斯先后担任汤姆·彼得斯公司的总裁、CEO 及董事会主席。在此之前的 1981—1987 年,詹姆斯负责圣克拉拉大学高管发展中心的工作。1972—1980 年,他还是圣何塞州立大学人力资源服务中心的创办人,也是得克萨斯大学社会学系的教师。詹姆斯·库泽斯的培训与开发职业生涯开始于 1969 年,那时,他作为西南城市队中的一员,参与了"社区行动机构"组织的活动,并成为一名向贫困开战运动的志愿者。詹姆斯·库泽斯于 1967 年获得密歇根州立大学荣誉政治学学士学位,毕业后从事和平组织志愿者工作(1967—1969 年)。詹姆斯·库泽斯的 E-mail:jim@kouzes.com。

巴里·波斯纳是圣克拉拉大学列维商学院著名的领导力教授,担任了 12 年的商学院院长。他是香港科技大学、土耳其伊斯坦布尔 Sabanci 大学和西澳大利亚大学的著名访问学者兼教授。在圣克拉拉大学,他获得了杰出校长奖、杰出教师奖和众多的教学与研究奖项。作为一名国际知名的学者和教育家,波斯纳撰写或与人合作撰写了 100 多篇学术论文和具有实战意义的文章。波斯纳目前是 *Leadership and Organizational Development*, *The International Journal of Servant-Leadership* 和 *Leadership Review* 杂志的编委会顾问,获得了 *Journal of Management Inquiry* 杂志颁发的杰出学术成就奖。

波斯纳在加利福尼亚大学圣克拉拉学院获荣誉政治学学士学位,在俄亥俄州立大学获得公共行政管理硕士学位,在马萨诸塞州立大学获组织行为与管理理论博士学位。他不仅为全球众多私人和公共机构提供专业咨询服务,同时也与众多的社区及专业机构建立了战略合作伙伴关系。他是 Uplift Family Services, Global

作者简介

Women's Leadreship Network, American Institute of Architects(AIA), SV Creates, Big Brothers / Big Sisters of Santa Clara County, Center for Excellence in Nonprofits, Junior Achievement of Silicon Valley and Monterey Bay, Public Allies, San Jose Repertory Theater, Sigma Phi Epsilon Fraternity, 以及几家上市和创业公司的董事。波斯纳的 E-mail：bposner@scu.edu。

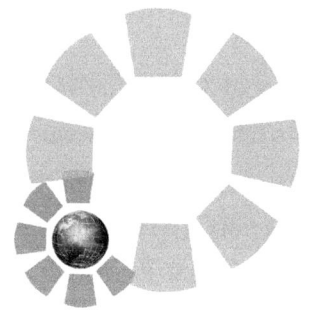

导　言

Introduction

"勇气"（Courage）和"激励"（Encourage）是两个不同的词，但有一个相同的起源——心。

你必须要有勇气，要有非常大的勇气。如果没有了勇气，就无所谓勇敢或大胆了。如果没有了勇气，就无所谓活力或支持了。如果没有了勇气，就无所谓献身或精神了。你必须要有勇气，没有勇气，任何伟大的事情都将不复存在。

领导力的核心是对人的关心，也就是让员工的心随你的心而动。没有了对人的关心，领导力便没有了目标。如果你不向别人表明你对人的关心及你所关心的是什么，其他人就不会关心你所说的或你所期望的。作为一种关系，领导力要求领导者和他们的被领导者之间建立起一种超越事务的关系，简单地说，就是建立起心与心之间的关系。这种关系是私人的，也是人与人之间的。

我们需要勇气，因为通往顶峰的路途充满了艰险。我们的研究告诉我们，当我们正在向顶峰前进时，我们需要有人在我们的耳边疾呼："加油！你行的，我知道你能行的！"对于这一点，我们可不是轻易就承认的——很多时候，我们自认为只要自己一个人就能完成。但是，实际上我们都需要鼓励。鼓励会提高绩效，巩固我们的决心，并且会改善我们的健康状况。否则的话，为什

导 言

么要面对着观众表演，而不干脆对着空房子唱歌，在空的舞台上演出，或者自娱自乐？为了做到最好，我们需要掌声，而且需要知道我们和其他人是相连的。我们需要从别人那里得到鼓励和力量。

我们需要感到和其他人是相连的，反过来，其他人也需要知道这些，因为如果单靠我们自己，绝对不可能达到最棒。激励人心能让我们彼此相连，它标志和证明我们在"这一点"上是在一起的——"这一点"有多种可能，可能是某个项目、计划、运动、邻里之情、集会及部门等。成就组织成功的诸多必需因素之中，除了财务资本和智力资本，同样需要社会资本。在创造社会资本的过程中，领导者激励人心，使得人们团结在一起并彼此帮助。当领导者要求人们具有某些价值观或达到组织目标的时候，他们需要激励、鼓舞员工依靠自己的能力全力以赴，即使承受许多压力。当我们鼓励人们做出贡献的时候，我们将他们的价值观的意识扩展到了组织和同事的身上，由此传递一种相互联系的感觉，这一点，是身为社会性动物的全人类都在追求的。即使我们都是彼此关联着的，领导者也要确保我们能够彼此接触。

从 20 多年前发现了激励人心的重要性，而且第一次写作了本书以帮助大家能够很好地应用这一领导力的核心以来，世界发生了许多变化。但是，激励在领导力的实践中没有过时，一直为社会所需，也没有迹象表明在遥远的将来它的重要性会消失。

事物的核心

人类的一个基本需要就是受到欣赏，欣赏我们本人及我们所做的工作，本书讲述的就是如何做到这一点的原则和实践，指导领导者如何将这些原则和实践应用于他们的日常工作中。这并不是一本关于热烈欢迎、背后支持、明星及成功盈利方面的书，而

是阐述将报酬和欣赏与优秀的标准联系起来是多么重要的书；是关于为什么激励在维持人们对于组织和目标的忠诚方面绝对重要的书；是关于如何在组织内得到出色业绩和激励大家努力工作的书；是关于如何提高你自己在认可和祝贺他人的成就方面的能力及怎样用心去做的书。

《激励人心》源自我们自己对于那些在领导力方面做得最好的人的调查研究。自从20多年前开始研究以来，我们收集了数千个最好的领导力实践的个案，分析了好几万个领导力的评价工具。我们发现，为了使事情做得最好，领导者需要：

- 以身作则
- 共启愿景
- 挑战现状
- 使众人行
- 激励人心

以上这五点都是值得推崇的领导行为，对于解释领导者为什么会成功都有贡献。每一点都起着独特的作用，任何单独一个都不足以有效。那么，我们为什么只针对其中的一点单独写了这本《激励人心》的书呢？有四个原因。

第一个原因是实用性。在书架上，我们找不到足够的资料来和我们的学生及参加我们小组活动的正在实践着的管理者们共享，而且，我们对于所找到的极少的资料感到不满意，我们想为领导者提供一些可以重复的过程——一套行之有效的原则、实践和范例。这样，他们就可以在自己的环境中使用了。

第二个原因是原理。有很长一段时间，我们都听到在企业里，人被列为"软"资源，而激励人心似乎被人们认为要有多软就有多软。还有一些客户曾经告诉我们，激励人心在他们的文化中根本不会起作用，并且建议是否可以将这一习惯行为改换一个。我

导　言

们从来不会，将来也绝不会这样做。在这本书里，我们将向你展示，激励人心并不是软性的，我们还将表明，在达到高标准和努力目标方面，它是多么有力。如果你正在追寻期望的结果，那么，你最好多多注意激励人心。

第三个原因是我们对以下现象非常奇怪。在关于"卓越领导五种习惯行为"的研究中，我们从数千名领导者那里所收集来的数据表明，在所有的五种习惯行为中，男性和女性在自我评价方面唯一有显著差别的就是激励人心。你能猜到在男性领导者和女性领导者中谁得分高一些，谁更多地表现出激励人心吗？如果你像大多数人一样认为是女性，那么你就对了，但只是对了一部分。在这一点上，情况是相当复杂的。首先，在男女性别差异的研究方面，得出二者之间有显著差异的研究结果和得出二者之间没有显著差异的研究结果一样多。其次，调查结果更倾向于性别中立。也就是说，与领导者的性别无关，女性领导者在激励人心方面的表现并不比男性领导者更好。有一段时间，我们被这种发现激起了兴趣，我们想在这一点上做深入研究，看看我们能否对这些差异有更多一些了解。我们还想证明，激励人心和成为一个有效的领导者之间的联系要远远超过那些对性别角色的传统看法。

我们之所以写作《激励人心》这本书的最后一个原因，就是我们希望在关于工作场所的精神的讨论方面表达一些我们自己的看法。领导者创设各种关系，其中的一种关系就是个人和他们的工作之间的关系。从根本上讲，我们工作都是为了一个目标，而为了实现这一共同目标，我们一定要受到激励。只有当个人、工作和组织之间相互匹配的时候，激励人心才会起作用。

比较有趣的是，"激励"（Encouragement）一词的拉丁文的词根"cor"的字面含义就是"心"。"勇气"（Courage）一词也同样。有勇气就意味着有心。激励——提供或给予勇气，从字面意义上理解就是给别人心。英国国王理查德一世（1189—1199年在位）

因为他的勇气而受到高度颂扬。你知道抒情诗人怎么称呼他吗？理查德——狮心王。

这些语言的来源告诉我们，当我们在讲到勇气和激励的时候，我们并不仅仅是指现代贺卡上所用的那些动情的辞藻。相反，在这种情境中，"心"这个词意味着当面对巨大挑战时的勇气，当面对巨大困难时所拥有的希望，以及即使在面对很大变数的情况下依然不屈不挠地要努力做到最好的决心。"心"包含力量和思想，包含领导者对自己、对被领导者所负有的责任及对组织价值观的认同。它还包含了将受到珍视的价值观有力地灌输给接受他们领导的人。

但是，心（"cor"）有两层含义。它的词根也来自"cordial"（诚恳的）一词。激励和慷慨、仁慈有关，和有"宽宏大度的心"有关。当领导者激励他们下属的时候，他们也正在显示出对于下属对事业所做出的贡献和所表现出的忠诚，他们是多么深表谢意。

因此，激励人心和领导的两分性特点有关。既强硬，也温软；既贪婪，也仁慈；既严格，也公平；既坚韧不拔，也感激涕零；既热情，也怜悯。领导者自己必须要有勇气，同时，他们还要给他人以勇气。本书就是阐述领导者应该如何给出他们的心，以使其他人更加充分地发挥潜力，努力工作。

谁应该阅读本书

和我们其他两本书《领导力》（*Leadership Challenge*）和《信誉》（*Credibility*）（这两本书已由电子工业出版社出版——出版者注）一样，这本书也是写来帮助那些希望提高"领导他人将事情做得最好"的能力的人。不论你是在公共机构还是私人企业，不论你是一个雇员还是一名志愿者，不论你是在生产前线还是在高级管理层，不论你是学生、教师还是为人父母，我们写下本书

导 言

来帮助你开发你在"指导他人达到他们前所未有的高度"方面的潜能。

在本书中,你会找到大量的普通人如何在领导力方面得到锻炼的实例。他们和我们一样,都是普通人。你在本书中不会找到那些众多的著名的首席执行官和著名领导人物的例子,并不是因为他们不会使《激励人心》这本书的读者获益,而是因为他们只是代表了领导者中极小的一部分,对我们关于领导力是什么和领导者应该做什么的观点不会有决定性的影响。我们书中所讲述的人很可能你并不认识,甚至从未听说过,但我们敢断言,在你的工作场所就有像他们一样的人。

对我们而言,领导力和所有人都有关。领导并不是一个职位,它是一种态度,一种重大的责任感。即使你现在并不认为你在担任着一个领导者的角色,但你很快会找到这种感觉。《激励人心》这本书有助于你为这件可能发生的事情做好准备。在我们关于人们如何将自己的领导才能发挥到极致的研究中,我们记录下的人物下至9岁,上至80岁。所以,不要把你自己排除在外。

根据我们的经验,领导者通常希望从"怎样才……"问题的答案开始。因此,本书中有许多"怎样才……"问题的答案。但是,我们并不只是想提供一个应该做的事情的描述性清单,我们希望能够给你一些指导你开发自己的方法和技能的原则。不管怎么说,这是最有趣的。

一本给领导者的指南

我们将本书的副标题定为"激励与认可他人的行动指南"。书中将描述领导者做了些什么,解释隐藏在他们行为后面的动因,举出做出这些行为的领导者的实例,然后向你提出应该如何将这些应用到实践中去的建议。

最开始的前3章向你介绍激励人心的基本原则：最优秀的领导关心人。在第1章里，我们将向你展示支持这个观点的研究。第2章介绍了一个经典的案例来说明激励人心的七个要素。一旦你开始学习掌握其中的每个要素，你就在迈向关心人的、值得信赖的领导者的道路上了。在第3章里，我们给出了激励问卷，以评估你在每个要素上的表现。

第4~10章详细地探讨了激励人心的七个要素。虽然讨论是基于我们最早开始并且还在进行的研究之上，但我们也吸收借鉴了其他一些学者的研究来扩展我们对于激励的理解。同样，对于每个要素，我们都配了相应的案例。

第4章解释了为什么激励人心要从明晰的标准开始。除非有清晰的价值观和原则，否则，在不了解什么是正确的及需要做什么正确的事的情况下，行动将是漫无目的的。而且，对于领导者来说，当他根本就不知道应该寻找什么的时候，所谓的对绩效的认可就相当困难了。第5章讲的是领导者对于他人的态度。我们要想获得最好的结果，唯一的办法就是要有得到最好的结果的期望，这一章将告诉我们"皮革马列翁式的领导者"为什么能，以及怎样造就最出色的员工。

当成功的领导者期望得到最好的结果的时候，他们往往更可能去关注他们周围发生的事物并且找到正在实现和超越期望的人的例子。正如我们在第6章中会看到的，领导者总是在寻找价值观和标准方面的典范。在第7章中，我们将认识到使认可个人化的力量。最出色的领导者不断结识人。当认可的时机到来的时候，领导者知道确保将这种认可变得独特、富有意义并且令人难忘的方法。

在第8章里，我们将谈到卓越的领导者为什么又是卓越的讲故事能手。讲故事是人类传递生活经验的最古老的方式之一，领导者找各种办法来传播和宣扬被认可者的故事。人们从与他们联系最多的人那里学东西的效果最好，因此，领导者要利用一切可以利用的媒介来夸耀他们组织里正在发生的好事。在第9章里，将阐述领导者是如何将人们聚集在一起分享他们同事的成功及彼此提供所需要的帮助的。社会支持对于我们的健康和生产效率都是绝对重要的。

我们通过重申一贯坚持的一项要旨来为这七个要素的讨论做结论，这项要旨就是：领导者必须身体力行他们希望别人做到的才会令人信赖。第10章讲述领导者在激励人心方面如何树立榜样并且创造一种氛围。第11章把上述所有内容做了一个总结，而在第12章里，为你提供了当你开始寻求激励下属的人心时可以采用的150种方法。

我们希望你通过阅读和实践每章的内容来意识到激励人心远比对人仁慈或当啦啦队队长丰富得多。激励人心意味着要进行一系列的实践，所有的这些实践整合在一起就是一股调动人的强大力量。

让希望永生（永怀希望）

我们生活在一个充满无限希望的时代。医药学和生物学方面的进步预示着一些非常致命和损害身体的疾病将被治愈或至少受到很好的控制。新的信息技术不仅预示着我们之间全球化的联系和全新的商业形式的产生，而且预示着和平的促进与我们的教育体系的延伸和扩展。民主运动的雏形预示着将人类从十几个世纪的专制与畏惧中解放出来。

在此同时，我们也正承受着20世纪90年代和21世纪的早期的变革带给我们的极大不适。公司丑闻时不时地出现在晚间新闻上。2001年9月11日所发生的恐怖事件及其他一系列国际恐怖事件，使得我们许多人像过去一样有了生命的不安全感。我们在

怀疑我们是否正在走向没落，我们的生活是否无法再回到从前。

但是，为了让希望永生，需要有勇敢的领导。激励人心归根结底就是让希望永生。当领导者设立高标准并且表示出对下属达到这个标准的潜能充满乐观的时候，他们在让希望永生；当他们给予反馈并且对做得好的工作公开给予认可的时候，他们在让希望永生；当他们给予下属全人类都需要的内部支持并且让下属意识到自己的工作非常重要并且充满意义的时候，他们在让希望永生；当他们培训和训练下属超越现有能力的时候，他们在让希望永生；最重要的是，当领导者树立一个榜样的时候，他们更是在让希望永生。再也没有比看到我们的领导者对他们所宣扬的东西身体力行更加令人受到激励的事情了。

对许多人而言，这些都是艰难的时刻，但是，在通向未来的道路上，总是充满挑战和机遇。在我们的行动中有一些对未来的焦虑或恐惧，在我们的态度中有一丝犬儒主义，在我们的身体里会有疲惫蔓延。但是，深入下去，你我都知道，我们会战胜这些时刻。我们永远都充满勇气和激情。

第 1 章

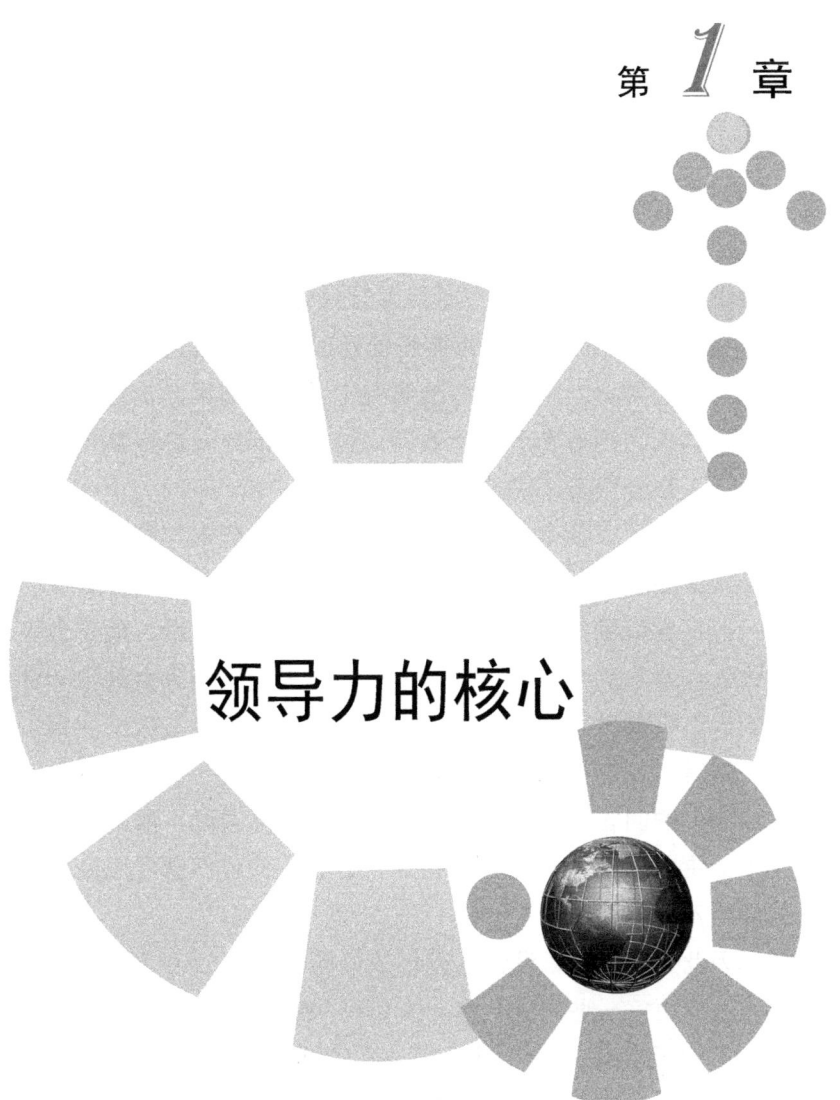

领导力的核心

在你的内心深处真诚地信奉生活的基本目标和生存的理由吧！这将丰富你自己和别人的生活。

——皮特·西格彭

问自己一个问题：为了达到最佳绩效，我需要得到激励吗？我们曾经在领导力课程班里问过这个问题，刚开始，答案让我们很诧异。从我们以前的研究中得知，如果人们处在给予许多激励的人的领导之下，绩效会比较高，因此，想当然地以为几乎每个人都会回答"需要"。

我们错了。仅有60%的人报告说为了达到最佳绩效，他们需要得到激励。我们感到很迷惑，就请他们谈谈为什么会这样。

他们告诉我们说，他们不**需要**激励。没有激励，他们也可以达到最佳绩效。大多数人认为他们自己是拥有个人主动性和责任感的人，需要激励则暗示着如果没有人在周围加油鼓励并且告诉他们做得很好，他们不一定有较好的绩效。

他们的回答让我们非常奇怪。那些更多激励下属的领导者的绩效会更高，但几乎有一半的人告诉我们他们不需要激励。这怎么可能？

因此，我们重新设计了我们的问题："当你受到激励后，会帮助你做得更好一些吗？"这一次，有98%的人都回答"会"，仅有2%回答"不会"。这些回答和一家培训和开发公司Kepner-Tregoe公司的研究结果是一致的。该研究表明，在所研究的北美员工中，有96%的人同意下述观点：当得知我很好地完成了一项工作的时候，我觉得非常满意。

渴望被认可

因此，我们从正反馈中获得大量满足，而且如果我们能够得到激励，那将很有助益。那么，为什么我们**认为**我们不需要那么多的正面肯定呢？

也许是由于我们并没有获得足够多的激励，从而让我们意识到它有多么重要。根据 Kepner-Tregoe 公司的研究，绝大多数员工没有因为工作做得不错而受到认可，绝大多数管理者也没有给予认可。仅有大约 40%的北美员工说他们因为一项做得不错的工作而受到过认可，也有大约相同比例的人报告说他们**从未**由于出色的个人绩效而得到过认可。

想一想如下情形。你竭尽全力尽早发货，或者让消费者感受到真正被放在了首位，或者找到一种消除产品中带来麻烦的小故障的办法，但是你**从未**得到过哪怕是一声"谢谢"。很明显，这样的事情时不时地在我们太多人——或许是我们所有人身上发生着。

难怪，仅有50%的管理者说他们对高绩效给予认可。很显然，绝大多数人想当然地认为将事情做得出色仅仅是应该完成的工作的一个组成部分。

保罗·莫任在他的管理职业生涯中确实曾经认为应该就是这样的。他解释说："过去，我常常忽略了对团队成员的成就（以及我自己的成就）予以表扬，因为我个人对于这方面从来没有重视过，因此，我就往往忘记了对别人的成就予以表扬。相反，我认为他们所取得的成就只不过是他们规定的工作中的一部分，而规定的工作是不需要特别认可的。"

但是，当莫任到太平洋贝尔公司工作之后，他对给予他人认可及对成功予以表扬的重要性有了新的认识。他发现，事实上，这对于其他人来讲是很重要的，因此，他决定改变自己的领导习

惯。为了提醒自己公开认可的重要性，他编制了一张认可他人的优先性列表。每当他的团队取得一个关键的成就时，他都会亲自走到项目组的每个人面前，和对方握手。他会挑选出几个重要的团队成员，带他们出去吃午饭，他会亲自打电话给每个团队成员，感谢他们在项目中付出的努力。他会邀请大家共同参加一个小型的办公室聚会，一起享用蛋糕和咖啡。

在实际开始采用这些富有激励性的领导方法之后，很快地，莫任就看到生产率上升了，缺勤率下降了，同事之间正在形成更强的人际纽带。同时，由于和他一起工作的其他人开始有更大的主动性，他自己的工作变得简单了。更加合作的工作环境带来了更好的沟通，雇员之间的冲突减少了。虽然对于莫任将表扬与认可放在一起的做法有不同意见，他觉得还应该更进一步去做。

我们都可以再多做一些。我们**必须**再多做一些。正如 Kepner-Tregoe 公司的研究者所说："除非这一点引起注意，否则，创造一个高绩效的工作场所的目将仍然无法达到。"

开放我们自己

对于我们为什么不给予和受到更多的激励的解释，有远比"这是工作本身的一部分"更多的解释。因为这只是一个过于简单的回答，并没有触及问题的深层。

对别人的努力和成功表示出真诚的欣赏就意味着我们不得不暴露我们的情绪。我们就不得不在公众面前讨论我们的情感。我们就不得不将自己置于一个容易受到别人攻击的位置上。这一点，对于我们中间的许多人——或许是绝大多数人来讲，是很难的，甚至是可怕的。

第1章

领导力的核心

简·尼柯拉是一家财务服务公司的总经理,对于她而言,激励人心确实曾经是个特殊的挑战。虽然她知道她的直接下属们值得并且需要得到对他们正在做的工作的欣赏,但是,当她当众表扬人的时候,她会觉得不舒服。作为一个尽职尽责的人,当意识到欣赏他人是一项非常重要的领导技能时,她开始问自己,到底是什么阻止了她这样做?表面上看起来,这是如此简单的一项任务。那么,大事情是什么呢?

经过多次深刻的自我反省,她列出了自己在领导能力方面存在的一些不足之处。其中的一个是,她担心如果自己表扬了一个人,其他人会认为她是在偏袒。同时,她还觉得表扬和激励的活动占用的时间太多,会在她本来就已经很繁忙的职责列表中又增加一项。但是,她越是思考这个问题,越是意识到她的同事们应该受到认可,该是她对自己的抵触情绪采取一定行动的时候了。她决心克服这种情绪,开始试一试。

几天之后,在一次演讲中,她对于促进正在进行的一个项目极具合作精神的人特意公开表示感谢。这使得她和其他人都感觉棒极了。她说:"我发现我的精神被鼓舞、振奋了。他们感到受到了欣赏,得到了应该得到的荣誉。"

尼柯拉原以为那样开放自己来感谢别人容易受到伤害,但现在她坚信她已经在她的同事们之间建立起了以前从未有过的人与人之间的联系,而这种联系在几个月之后被证明是多么的有益。从那之后,沟通变得更加开放了,她觉得不再像以前那样充满戒备了,这对于她而言,的确是个真正的转折点。

在接下来的几周里,她在工作关系上表露出更多的真实的自我,人们也在她的领导方式下表现出更高的积极性。确确实实,她开始用新的眼光来看自己的同事们。她能够既注意将工作完成,又享受和她周围的每个人之间的人情关系。当她开始工作的时候,她比以往更加富有活力;当她下班回家的时候,

> 她感觉到对自己所完成的一切的满意度不断上升。起初，她对于这些变化将如何影响生产效率并不是很清楚。它们会转换成任何对公司有益的事情吗？在短短的时间内，她发现这种新的密切关系给她的群体带来了从未有过的团结，激发起的团结精神鞭策着他们每当需要额外努力的时候就竭尽全力。
>
> 和她原来的担忧相反，当她表扬一个或另一个人的时候，没有人妒忌、猜疑，她花在用来表示出她的欣赏上的时间物有所值。在总结经验的时候，她说："我认识到了公开地庆贺成功对于创建和维持一个统一的团队是多么重要。在我今后的领导实践中，我再也不会低估激励人心、公开欣赏他人和他们所付出的努力的重要性了。"

揭示出的一个秘密

很多年以来，我们都在那些阻碍我们看到真相的关于领导和管理的神话下工作，我们都在误导我们自己。

首先，有一个神话是关于原始个人主义的。有一种观点认为，是个人主义的成就感促使我们得到最佳结果。我们听到："如果你希望某件事情被正确地做，你就自己做吧。"看上去，我们满足于相信靠我们自己就能达到最佳绩效，而不需要别人。

事实是，在孤立的情况下，我们不可能做到最好。在没有他人的支持、鼓励、信任或帮助之下，我们是不可能完成非凡的事情的。

我们也在领导者该冷静淡漠、远离众人、将感情和工作区分开的神话下工作。我们被告知，真正的领导者是不需要爱情、感情和友谊的。我们常常听到"这并不是比赛谁更受欢迎""我并不介意人们是否喜欢我。我只是想让他们尊敬我"。

没有道理。

第1章 领导力的核心

在我们写作本书的过程中，最令人振奋的一次访谈是对东芝美洲信息系统（Toshiba American Information Systems）的培训和经销商开发部的主管托尼的访谈。托尼说："激励人心在领导力实践中是最重要的，因为它是最针对个人的。"托尼相信领导全都与人有关，如果你要领导人，你就必须关心人。

> 激励人心在领导力实践中是最重要的，因为它是最针对个人的。
>
> 如果你要领导人，你就必须关心人。

托尼是正确的。

创新领导力中心（Center for Creative Leadership，CCL）研究了对管理者的筛选过程，它们的研究结果支持了托尼的观点。CCL的副主管泰勒告诉我们，在检查导致大型组织内最高层工作成功的三个关键变量的时候，他们发现"和下属的关系"是导致成功的第一位因素。

在一项令人吃惊的研究中，CCL发现了一些应该永远被埋葬的纯粹理性的管理者神话。CCL的研究者通过采用一组测量工具，对可能说明一个管理者成功的一些因素进行了研究。CCL发现了一个，而且仅有一个因素，导致了最成功的1/4管理者和最不成功的1/4管理者之间的显著性差异。他们是在采用由舒尔茨（William Schutz）发明的一种测量工具FIRO-B时发现这一点的。FIRO-B测量基本的人际需求里的两个方面：表达和需要包容、控制感情的程度。

能够将最佳绩效的管理者和最差绩效的管理者区分开来的因素是什么？关于管理者的流行假设是他们有表现控制的高需求，所以，你可能想这就是将最佳绩效的管理者和最差绩效的管理者区分开来的因素。但这不是CCL的研究人员发现的因素。相反，将最佳和最差区分开来的唯一因素是最佳者在感情方面得分高——

在表达和需要方面都是如此。和冷心肠的、对员工的情感很少关心的老板相反，最佳绩效的管理者们表现出对他人的更多热心和喜爱。他们和人们更接近，和绩效最差的同行相比，他们在与别人分享思想和情感方面更开放。

但是，这些管理者并没有失去理性的一面。实际上，在CCL采用的另一个量表上，他们在"有理性"上面的得分全都很高，在有权力和在对他人的影响上也都得分很高。问题仅仅在于，这些因素并不能够解释为什么这些管理者是有最佳绩效的。

当CCL的研究人员进一步研究调查结果时，他们发现，在那些最佳绩效的管理者的组织中，其下属对同事、监督管理、高层领导、组织计划、道德和质量的总体满意度显著地高出许多。

大量不断增长的证据表明，就预测在组织或生活中的成功而言，情商比智商可能更重要。CCL的研究又在这些证据里加上了一条。在该问题上具有奠基意义一书的作者戈尔曼（Daniel Goleman），在他的著作中将情商（Emotional Quotient，EQ）定义为"一种主要的能力，一种深深地影响其他各种能力的才能，它要么促进，要么干扰其他各种能力"。在另一本书中，戈尔曼说在EQ的五个维度中，移情是"管理的基本技能"。

在 CCL 的研究中更加令人好奇的发现是在**对感情的需要**的得分上，最佳绩效的管理者的得分也比平均水平的要高。实际上，在 FIRO-B 量表上，**对感情的需要**的平均得分在所有的分数中是最高的。

但是，正如CCL的泰勒给我们所叙述的，多年来，她一直在收集领导者们的数据。在数据库里，包括了超过三万名的领导者，从来没有一组数据是"对感情的表达超过了对感情的需要"的。看起来，我们对于感情的需要都超过了给予。仔细思考过这个发现之后，她评论说："每个人都在等待别人向他们表露感情。"问题在于，我们在等待什么？你又在等待什么？

第1章 领导力的核心

我们都曾经听说过许多管理阶层的人所说过的不屑一顾的那句"我不在乎别人怎么想我"。也许,对他们而言,这是真的,但对于最优秀的领导者而言,这绝对不是真的。那些最优秀的领导者需要被人喜欢,他们需要别人敞开心扉。不在乎别人对于我们的所言所行是怎么感受和想的是失败者的一种态度——一种只可能带来越来越低的效率的态度。

这个证据告诉我们,表达感情对于成功来说是重要的,而且,我们对此有很高的需求。我们似乎一直都在试图隐藏我们都需要的东西。我们有一个害怕泄露出来的秘密,因为这个秘密会让我们看上去软弱或无能或别的什么。这个秘密就是:

我们确实都需要被爱。

多年以前,当我们访谈当年的一位首席执行官,现在的风险投资者欧文的时候,他的评论预示了我们现在从这些数据中得出的东西。他谈到了关于存在于伟大的领导者和他们的追随者之间的融洽关系的重要性。他谈到爱是一个必需的成分,但是由于我们低估了情感的重要性,爱往往很少受到重视。

在反思我们对于我们的领导者的爱的时候,欧文说:"你不会因为某个人是谁而爱他,你爱他是因为他让你感觉到了。这条公理在工作环境中也同样适用。看起来,似乎不应该在公事上用类似'爱''感情'等词汇。传统的至理名言认为管理并不是受欢迎程度的竞赛……可是,我主张,所有的事情都是对等的,我们会为了我们所喜欢的人而更加努力和高效率地工作。我们喜欢他们的程度和他们让我们感受到的程度是成比例的。"

> 我们会为了我们所喜欢的人而更加努力和高效率地工作。我们喜欢他们的程度和他们让我们感受到的程度是成比例的。

在这里,我们无法忽略的一个信息是,如果人们是在和善于激励人心的领导者一起工作,他们的感觉会更好一些。他们的自

尊水平会上升。这些领导者让人们的精神自由了，常常鼓舞他们好得超乎自己的想象。

怀特（David Whyte）在他的《被唤醒的心灵》（*The Heart Aroused*）一书中谈论了许多公众"对我们自身的压制甚至扼杀"。他说为了安全和拥有良好的感觉，人们的活力和热情渐渐丧失了。领导者们在人们身上所能够唤起的正是这种活力和热情。但是，为了唤起他人，他们必须先在工作场所唤起自己的热情，并且公开地表达出来。

怀特指出，为了唤起他人身上的活力，领导者们必须跨越在他们和下属之间确实存在的某种界限。有时候，要做到这一点并不容易，因为在我们的成长过程中，早就被灌输了为了在我们自己和那些选择了跟随我们的人之间保持"安全和良好的感觉"，缓冲区是非常重要的这一思想。或许，我们选择成为领导者所要冒的最大的风险就是失去人际安全区。如果我们不对他人敞开心扉，表达出我们的感情和感激，我们就可以安安全全地待在理性的屏障后面了。但是，就像CCL的研究者们发现的那样，这并不是非此即彼的。我们有思想和心灵，在工作中利用这二者，并不稀奇。但是，当我们将两者同时利用起来的时候，我们会更加有效。不利用我们的思想和心灵，就是将我们自己拒绝于更大的成功之外。

只需要说声谢谢你

敞开心扉对于某些人来说可能要更困难一些，但是并不需要大量的心理治疗。我们可以从多年以前罗伯特（Robert Fulghum）在他的《我在幼儿园里学会的我应该知道的每件事情》（*Everything I Ever Needed to Know I Learned in Kindergarten*）一书里指出的那样开始：在你每天早晨上班时必然会看见的墙上贴上一张小小的

领导力的核心

提示条"记得说声谢谢你"。

  一项又一项的研究指出,这一点实际上非常重要。比如,我们对于员工流动的调查发现,人们选择离开的最主要的原因就是他们得到了"很有限的表扬和认可"。当问到他们认为他们的管理者应该发展哪项技能以使管理工作更加有效的时候,员工将"对他人的贡献给予认可和感谢的能力"放在了列表的首位。

  这并不是一个新的消息。1949 年,林达尔(Lawrence Lindahl)有一项非常著名的研究,即要求员工对给予他们的无形奖励评定等级,然后,要求他们的管理者就他们认为的员工所需要的无形奖励进行等级评定。

  在员工们的回答中列在最高等级的是:(1)感到受到欣赏;(2)他们能够了解正在发生的事情。他们需要倾听。这些员工的管理者们又是如何认为这些员工所需要的是什么呢?他们认为他们的员工会将好的薪资水平、工作的安全性和获得职位提升的机会放在前面。实际上,绝大多数的管理者不知道他们的员工很重视被欣赏、了解事情及被倾听的感觉。

  你也许说:"那是在 1949 年的事情了。从那以后,许多方面都发生了重大的变化。"的确,现在有许多事情都发生了很大的变化。但是,也有许多没有发生变化。林达尔在 20 世纪 80 年代的管理者和员工中重复了他的研究,在 90 年代又重复了一次。结果怎样呢?每次,结果都是一样的。

  管理者们自身又怎么样呢?他们怎么给这些工作场所的无形奖励评定等级?和他们所监督、指导的员工们一样,他们将被欣赏、了解情况和被倾听排列在他们的列表的最高位置。但是为什么这个结果让我们吃惊?管理者、领导者、员工,都一样是人,全部都有感觉自己很重要的需要,有让和自己一起工作的人欣赏自己的付出并且重视自己、让自己了解正在发生的事情的需要。

> 人们最希望得到的精神奖励是"谢谢你"。

在准备本书的过程中,我们做了调查,要求人们确认他们在工作中所得到的最重要的非经济的奖励。最普遍的回答是"谢谢你"。格雷汉姆报告说,在员工们排列出的最有力的非经济激励因素中,个人的祝贺位于榜首。哈佛商学院的坎特教授报告说,在那些最有创新性的公司里,更需要"谢谢你"。

我们可以从欣赏、致谢、表扬、谢谢你,以及一些简单地传达了诸如"我关心你和你在做的事情"的手势开始。不管形式是一句简简单单的"谢谢你"还是精心准备的庆祝,激励就是反馈——正反馈,是传递"你选对道路了。你确实做得很好。谢谢你"的信息。拒绝互相给予正反馈的礼物就是拒绝使成功的机会增加。

当然,激励要远远多于这些。在下一章里,我们将通过看一个领导者的经典个案来学习激励人心的入门知识。我们也会学习在给予他人真诚激励的时候非常重要的一些基本原则。

当你往下阅读的时候,请记住本章中最基本的一条信息:

有效领导力的核心是真诚地关心他人。

第 2 章

激励的七个要素

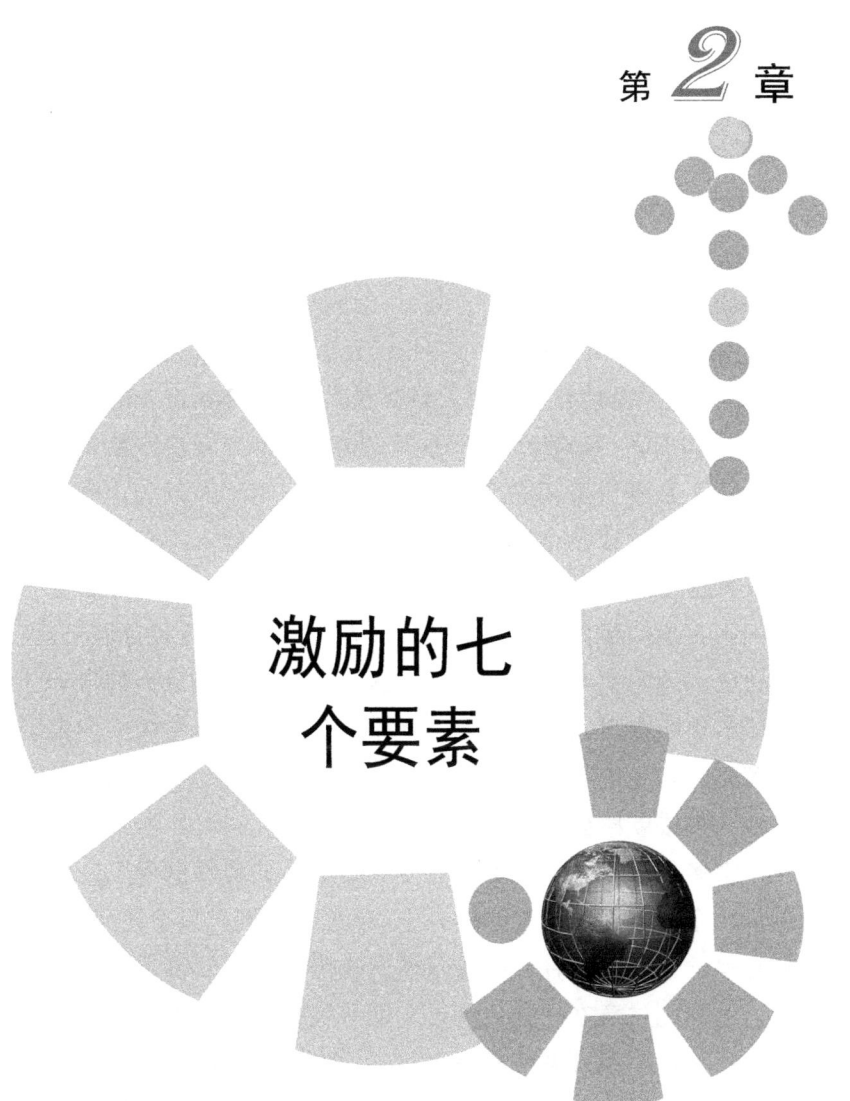

人类所有的仁慈、善良、美丽和尽善尽美只属于那些懂得鉴赏它们的人。

——乔吉特·勒布朗，英国女演员和诗人

  当汤姆·麦伦在北美洲工具和模具公司（North American Tool and Die，NATD）担任主管的时候，他非常喜欢给那些在帮助公司达到高质量和零废品目标方面做出特别贡献的人颁发月度明星奖。麦伦让自己随时可在工作场所被见到。不仅这样，他还用一种自己独特的集体（社交）方式来亲自颁发明星奖。由于他和周围人们的频繁接触，人们都非常了解他。他无畏地展示自己，使自己的领导力充满了活力，而这一点，又可以从人们带到工作场所的热情中反馈出来。通过他个人的举止，麦伦向人们表明他了解正在发生的事情，他关心人们，从他的工作中得到许多快乐，对他人的成就感到自豪。

  很多年以来，我们都通过麦伦这个最佳实践的例子，向人们展示一个领导者如何来激励人心。虽然这个例子只有两分钟时间，但它是一件独特事件，在仅仅两分钟内，体现了领导力的重要原则，请特别注意在所描述的这个明星奖的颁奖仪式上，麦伦是如何与凯利，以及那些被召集来参加这次颁奖活动的、被他深情地称呼为"伙计们"的人互相影响的。注意麦伦所表现出来的高兴的程度，他是如何通过他的问题和给庆祝会加进去戏剧化的内容而使每个人都参与进来的。当你在阅读这个实例的时候，看看你可以从中萃取出什么要素来。在整本书里，我们都将讨论这些要素。

第2章

激励的七个要素

这一幕情景发生在 NATD 的车间。员工们被集中在车间里距离包装盒和机器很近的员工休息区来参加月度明星奖的颁发仪式。

"今天，我们又有一个新的奖产生了，"麦伦向与会的人们宣布："它被命名为北美洲工具和模具公司的'冰箱'奖。现在，有谁知道这个奖是为什么颁发及将颁发给谁？有人知道吗？"

有人叫道："是凯利！"

麦伦说道："在冰箱里有东西。凯利，走近点儿。凯利，看看冰箱里头。走近点儿，快点。赶紧看看。"

凯利打开了放在旁边的一个冰箱的门。他找到了一个金属杆和圆筒，上面粘着一个信封。

麦伦笑着说："到我这儿来。"

当凯利走过去，麦伦和他握手的时候，每个人都沉浸在兴奋和笑声中。麦伦笑得更厉害一些，显然，他对于大家（这个群体）在这个仪式上的快乐很高兴。麦伦从凯利的手里取过信封和圆筒。

"很冰啊！"麦伦大声说。他将信封还给凯利而将金属部件放在一张桌子上。

凯利打开信封，从里面抽出一张 50 美元的支票。

"喜欢吗？"麦伦问凯利。

"喜欢！"凯利一边腼腆地笑着，一边回答。

麦伦问大家："记得这项工作吗？有一天，当我走过车间的时候，我看见凯利走向冰箱。我想：'到底发生了什么事情呢？他是在游手好闲、不认真工作呢，还是在为乔调制一些玛格丽塔酒，或是干别的？'你们知道他做了什么吗？他无法把这个（麦伦指着金属杆）装进这儿（他指着金属圆筒）。他说：'嗨！我要把这个放到冰箱里去。它会冷缩，这样，我就可以把这个插进去了。'确实见效了！我问：'你到底是怎么想到这个主意

> 的?'他说:'什么?这就是我工作的一部分,不是吗?'"麦伦看着凯利。
>
> "是。"凯利说。
>
> 麦伦转向凯利,用自己的胳膊搂着他的肩膀,说:"伙计,我还能再说些什么呢?上帝会对你仁慈的,我的孩子。上帝会对你仁慈的。"然后,他转向人群,将金属部件抓在手里,在空中晃着,用充满自豪和关爱的声音说:"记住:零废品,零废品,零废品。伙计们,这就是为什么我们在这儿的原因。"

我们曾经在我们的班级和研讨会上请数千人看这个麦伦的个案录像,然后请他们告诉我们他们观察到了什么。我们告诉他们,如果他们能够学会将麦伦的行为融入自己的日常领导行为中,他们将在激励人心方面获得近乎完美的分数。

麦伦究竟做了什么?他采取了什么行动?他用了什么词汇?他展示出了什么样的非言语行为?他以什么价值观为例来激励人心?下面是一些观看者陈述出的回答:

他很真诚;他是一个真正的人。

他看见凯利做这件事情;他走出办公室到了车间里,他还把这件事情记录了下来。

他显示出他相信别人。

他用自己的胳膊搂着凯利的肩膀。

他真正地喜欢自己的员工。

他将颁奖仪式搞得生动有趣。

他在公众面前认可凯利,而不是在他的办公室里一扇紧闭着的门背后。

他讲述了一个关于凯利的故事。

他不仅仅是口头认可,他亲自在现场做到了。

他亲自颁发这个奖,而不是委托他人。

第2章 激励的七个要素

他非常清楚标准：全面质量。

他将"零废品"的宣言重复了若干遍。

他给了凯利一张支票，和他共同分享因为他的行动而给组织带来的利益。

他在笑，心情愉快。他确实为认可凯利而高兴。

正如这些观察所证实的，对NATD的"冰箱"奖颁发仪式（和另一些类似的个案）的仔细分析教会我们在激励人心的实践中，领导者们采取的一套可以认知的、可以学习的和可以重复的行为，让人们感觉特别并且强化了企业的标准。从人们的观察中，我们确定了激励人心的七个要素。当领导者们努力激励人心的时候，他们往往：

1. 设定明确的标准
2. 期望最好的结果
3. 关注所有的人和事
4. 使认可个人化
5. 讲述故事
6. 一起庆祝
7. 树立榜样

让我们更仔细地来看看麦伦的个案，这样，我们就可以充分地阐明激励人心的要素了。

设定明确的标准

在月度明星奖颁发仪式结束的时候，汤姆·麦伦说的话对于理解如何最有效地激励人心是很重要的："记住：零废品，零废品，零废品。伙计们，这就是为什么我们在这儿的原因。"

麦伦有一套他期望组织里的人能够真正做到的明确的标准。

不管他是在车间走动的时候、做陈述的时候、和一个消费者谈话的时候，还是在主持一次会议的时候，他和其他人都知道期望的东西是什么。对于 NATD 来说，最重要的就是零废品。没有，零，没有一个。这就是他们为什么工作的原因。在他们服务的竞争激烈的市场里，任何不到位的事情都意味着生意上的损失，甚至生意的消亡。

在认可他人的时候，我们有时候会迷失在仪式方面。我们过度考虑了形式，但是忘记了实质内容。认可是一种提醒，从字面意义上来说，"recognize"一词来源于拉丁语"再次了解"（know again）。认可是一种机会，在这个机会里你可以对每个人说："我想再提醒你们一次什么是重要的。这是我们所珍视的。现在，让我们给你们举一个就在我们的组织发生的达到或超越了我们的标准的例子。"

因此，激励人心的第一个先决条件，就是要树立明确的标准。标准制定得就要像"冰箱奖"那样，凯利通过自己的行为赢得了这个奖。在这个令人愉快的时刻，麦伦将这个奖与已经树立的标准联系在了一起。奖是给予达到了某个明确目的的行为的。

> 为了成功地激励人心，每个人都珍视一些共同的标准是至关重要的。

为了成功地激励人心，每个人都珍视一些共同的标准是至关重要的（我们选择用**标准**一词来表示目标、价值观或原则）。如果不了解我们期望达到的或者从来都不知道我们所在的位置和重要的东西之间的关系，肯定不会有太大的激励效果。只有当我们知道标准的时候，我们才可能设计出成功的愿景。领导者通过清楚地界定我们应该承担责任的价值观和原则，以及将绩效与这些标准联系起来，就可以为成就建立一个基准。

但是，并不是任何标准都有此功效的。标准必须是优秀的，

第2章 激励的七个要素

必须是能够激发抱负的，必须能够使我们表现最佳，必须在我们达到它之后，让我们感觉自己是个胜利者。"零废品"肯定要比"十个中五个废品"更能激发人们的抱负，更加令人振奋。

麦伦用零废品的宣言来结束这次给凯利颁奖的演讲，但他也是以此开始的。每个人都知道所期望的是什么。在结束的时候再次重复这个以前大家都知道的非常重要的标准是对价值观进行强化的一种办法。重复是一种有力的教育方式。通过重复标准，麦伦对北美洲工具和模具公司的每个员工都强化了这条重要的原则。他将正确的行为方式和这个奖联系在了一起，表明只要有人遵循了这种行为模式，就会有一个奖。

期望最好的结果

每次，当我们看这段录像的时候，不少人总是评价麦伦有多么真诚，他多么关心人，他多么真诚地相信一线员工可以达到零废品的标准。在描述关于领导力的实践的时候，麦伦是这样说的："根据我的判断，最优秀的领导者有两个特征。第一个就是拥有像在 NATD 那样被普遍接受的一套始终不渝的、一心一意的、完全彻底的、强烈的价值观。第二个就是对人的理解。一次又一次，他们表示出对人类善良天性的相信。最优秀的领导者把所有能量——实际上，是他们的整个一生——都投入到帮助人们最大限度地发挥自己的潜能上了。"

> 最优秀的领导者把所有能量——实际上，是他们的整个一生——都投入帮助人们最大限度地发挥自己的潜能上了。

麦伦是正确的。最优秀的领导者相信不论人们承担的角色是什么，人们都可以达到那些已经树立起来的标准。这被称作皮革马列翁效应。这种信念如此强烈，以至于即使人们起初对他们自

己不相信,在领导者——或者教师或者父母或者同事——的信任与鼓励之下,也会信心大长,拥有"是,我**能够**做到"的信念。

相信别人的能力是激励人心的一条基本原则。不管你乐意还是不乐意,我们对于别人的信任甚至在我们并不知晓的情况下传达了出去。当我们在说别人"你能够做到,我知道你能行的"或"你绝对不可能做到这一点"的时候,我们就在发出明确的暗示。如果一个人接收到了你不相信她能行的信号,你又怎么能够期望她做出非凡的成就呢?即使你说"谢谢,工作棒极了",这又会被看作有多真诚呢?

就像我们在后面会描述的,当领导者期望人们达到目标的时候,他们会达到。当他们将人们归到"后进"的类别中去的时候,绩效会受到损害。充满热情地相信人们并且期望他们会做到最好是激励人心的又一个先决条件。

关注所有的人和事

"有一天,当我走过车间的时候……"麦伦告诉我们。这一点给我们提供了他是什么类型的领导者的直接线索。他是一个走动者,一个四处走动者,一个和你在一起的领导者。他是一个处在真实的生活情景里的领导者——一个做实事的人。我们可以从 NATD 的这一小幕中很快地得知麦伦是一位很高兴"看到人们正确做事"的领导者。

不仅仅是**看到**人们正确做事,还应该关注及理解他们行为的意义和重要性。我们一次次地看到一些事情发生了,但我们一次又一次地忽视它们。我们仅仅是任其自流,告诉我们自己回头再来处理。麦伦在这方面的实践告诉我们关注有多么重要。你也许听说过"走动管理"(Managing By Walking Around,MBWA),麦伦称自己为 CBWA——"走动关心"(Caring By Walking Around)。

第2章 激励的七个要素

一字之差，迥然不同。关心和管理的意义在感觉上是不同的，不是吗？

正如麦伦在故事里所讲的，在他的一次"走动关心"中，他注意到凯利在做一件不同寻常的事情。在那个时候，他可以忽视正在发生的事情。但是，由于他的严谨和对人的关心，他没有那样。相反，他走向凯利，开始向他提问，全神贯注于这次谈话。知道凯利正在做什么之后，麦伦明白了他的行为正是对 NATD 希望人们维护标准的体现。麦伦被凯利超乎标准的行为深深感动了，他决定将凯利树为学习的榜样。通过讲述凯利的故事，他激励每个人将自己的工作和零废品的标准联系起来。

我们必须加上一些东西。尽管麦伦是 NATD 的老板，或者像他自己所说的那样，是"清扫夫领班"，但他并不是自己来挑选明星奖获奖者。管理者和一线的工作者每周提名候选人，并决定每个月的获奖者。麦伦偶尔会提一些建议，但他并不具有决定权。这就是为什么关注是如此重要的另一个理由。之所以说他可以忽略这件事情，是因为并不是由他来挑选获奖者。但他对人非常关心，他注意到了，他投入了注意力，并号召大家向榜样学习。

领导者们总是在注视着价值观和标准的实践。不管他们在哪里，不管他们正在做什么，最优秀的领导者都有一套特殊的"雷达监测系统"来探测到正面的信号。

使认可个人化

请注意为了使这项奖是专门针对凯利的，麦伦都做了些什么。当麦伦在那儿工作的时候，月度明星奖是 NATD 的一个常规的节目。这个奖很特别，他给它起了一个独特的、非常吸引人注意力的名字：北美洲工具和模具公司"冰箱"奖，特意将它和凯利——而不是别人——所做的事情联系起来，使它**个人化**了。他为凯利

量身定做了这个奖和仪式。

麦伦并没有站在车间的前面说:"今天,我想授予凯利一项奖,以表彰他为了达到公司零废品的标准所做的工作。凯利,这儿有张支票,谢谢你。"相反,他精心策划了整个事件。他将金属部件放在了冰箱里,因此,当授奖的时刻到来的时候,获奖人要走到冰箱那儿去,打开它,取出部件。这显然不是每天都发生的事情。这件事情的不同寻常、有趣及戏剧性,都使得事件本身和所声明的价值观深深地刻在了人们的头脑里。

这种对于个人的强调使得凯利振奋,同时向其他人传达了这样一条信息:非凡的努力确实会有影响力。我们已经一次又一次地感受到人们对于敷衍了事的"谢谢你"和贵重的东西变得越来越挑剔。我们已经收集到了许多个案。在这些个案里,人们虽然收到了很值钱的贵重东西,但是由于领导者并没有投入任何心思,并没有考虑到那些被认可的个体,所以,效果和最初的想法恰恰相反。奖并没有使得人们去竭尽全力,相反,它使得受奖者反而感到领导者并不是真的了解他,也并不是真的关心他。领导者之所以这样做是因为他也许从某些地方学到,假如领导者这么做就会激励人心。

最优秀的领导者在认可一个人之前会亲自去结识这个人。他们会了解对方喜欢什么,不喜欢什么,他们在对方所处的环境里观察对方。然后,当需要对一个特别的人认可的时候,这些领导者们知道采用什么方式让这个认可别致、充满意义及令人难忘。

讲述故事

讲故事是一个社会传递共有的价值观和理想的最古老的方式之一。在文字出现以前,讲故事是传递生活中重要经验、教训的方式。我们知道在教育儿童的时候它有多么重要,但是,有时我

第 2 章

激励的七个要素

们忘记了对于成人来说，它也很重要。事实上，研究告诉我们，要想让商人相信某些信息，故事起到的作用比系统的数据还要大。风险投资家们（这个星球上最会被数字驱动的一些人）经常谈到在让一家公司上市及在华尔街销售原始股的时候，"故事"是多么重要。

故事对于激励人心也同样重要。但是为什么要讲故事呢？为什么不仅仅是将凯利叫起来，给他支票，当众认可他，然后让他坐下呢？为什么要花时间去重演已经做过的事情呢？这到底有多重要？

好，让我们来看看。如果没有这个故事，仪式将是下面这样的。

麦伦宣布："今天，我们又有一个月度明星奖产生了。让我们看看，谁赢得了这项奖？哦，凯利，凯利赢得了它。到这儿来，凯利！"

当凯利走到车间前面的时候，每个人都无动于衷地看着他，麦伦递给凯利明星勋章和一张50美元的支票。

"谢谢你，"麦伦就事论事地说："你确实向我们展示了贯彻我们的零废品原则意味着什么。"

他面无表情地转向人群，接着说："记住：零废品，零废品，零废品。伙计们，这就是为什么我们在这儿的原因。"

没劲！不仅仅令人厌烦，而且，在这个仪式结束之后，包括凯利在内的每个人都会忘了它。在这个描述中，确实没有任何东西是令人难忘的。

故事的目的不仅仅是娱乐。当然，故事肯定可以用于娱乐的目的，但它们也可以用于宣扬。根据报道，富有影响力的教育家和哲学家麦克卢汉（Marshall McLuhan）曾经说过："那些认为教

育和娱乐之间有区别的人对这二者首要的事情都不了解。"

> 好的故事让我们感动。它触动我们，教育我们，并且让我们刻骨铭心。

好的故事让我们感动。它触动我们，教育我们，并且让我们刻骨铭心。它使得听众将行为放在真实的情境中，并且知道在那样的情境中产生过的什么行为达到了期望。麦伦通过讲述故事的细节，展示了**每个人**，不仅仅是凯利，都可以达到零废品的标准。实际上，他在说："每当你遇到类似情景的时候，就像凯利那样做吧。凯利知道我们这里重视零废品，他连一个部件都不想浪费。因此，他思考自己可以做些什么来达到那个标准。在工作中，你同样可以这么做。"麦伦希望面对同样机会的人对自己说："当凯利遇到那个问题的时候，他发挥了个人主动性找到了一个解决的办法。现在，让我想想我可以做些什么。"

麦伦可以将这些全都像说教一样地说出来，但他没有。他只是讲述了一个故事。他不仅仅是讲述了这个故事，他实际上还让这个故事的一部分进行了重演，非常像一个技巧娴熟的导演在导一部电影。这个故事抓住了我们的注意力，让我们兴奋而且愉快。就在抓住我们注意力的时候，对发生过的事情的叙述为人们提供了一个非常容易记忆在脑海里的行为图。我们获得了信息，而且我们对该信息的记忆要远比他给我们做一个关于全面质量管理的讲座要长久得多。

除了为我们提供情境，好的故事还可以为我们做另一件事情——它能够使我们看到自己。我们从自己接触最多的人、最像自己的人身上学东西学得最好。首席执行官（CEO）的故事可能对其他 CEO 或想从事这份工作的人来说是合适的，但是，对生产车间里的工人来说，并没有多少感触。并不是这些故事不好，而是人们不可能将自己与一个和自己不相似的人联系起来。此外，在一个组织里，只能有一个 CEO，而担任其他角色的人有许多。如果我们需要学习如何去做事情，我们就要向这些人学习。

虽然活生生的例子是向人们宣传应该做什么来作为价值观的例证的最有力的方式，但领导者们还可以利用其他大众传播媒介。业务通信、年度报告、广告，甚至语音邮件和电子邮件都可以用来激励人心和讲授人们做了什么正确的事来作为实现我们价值观的例证。这些大众传播媒介方式肯定比将价值观贴在墙上或其他地方有效得多。

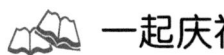

一起庆祝

麦伦可以将凯利叫进自己的办公室，私下里向他表示感谢。但是，当着众人对他认可可以达到更多的目的。简单地私下里讲这个故事没有什么意义。凯利已经知道他自己都做了些什么。这个故事对其他人的作用要大得多。应该让群体一起学习一些经验。公众仪式为将这个信息传播给更多的听众提供了环境。

我们中的许多人都不愿意在公众场合认可人，也许是因为害怕引起嫉妒或怨恨。这是最初妨碍尼柯拉做出更多激励行动的原因之一（见前一章）。但是，如果领导者是真诚的，这些就不会发生。在 NATD 工作的一位生产工人特里萨曾经这样评论明星奖："你会感到棒极了。你一定会回家说：'嘿！我一定要好好干。下次，我也要成为明星人物。'你也许想可能有一些人说：'怎么会是她得了而我没有得？'但是不。当有人得奖的时候，每个人都很开心。"

我们中的大多数人都想让别人知道我们的成就，公众仪式做到了这一点，省得我们自己到处去吹嘘自己。那些公开认可别人的领导者的经验是，这很少会引起怨恨的情绪，在大多数情况下，反而可以将人们更紧密地团结起来。

先想象一下麦伦将凯利叫进自己的办公室，私下里把奖给了他。如果麦伦相信在公众面前这样做会引起工人之间的嫉妒，场景也许变成这样：

"凯利，我听说你在帮助我们达到零废品的目标方面做了一些有益的事情。为了感谢你的主动性，这儿有一张50美元的支票给你。"

凯利说："谢谢。"他们握了握手。当凯利向门外走的时候，麦伦叫住他并且说："还有一件事情。请不要告诉任何人你拿了这个。这样可能在车间里引起摩擦，我们不希望那样。"

凯利的兜里多了额外的50美元，但他也有了一个负担——他不能告诉任何人。他不能为自己和自己所做的事情感到自豪，因为他什么都不能说，他就不能受到像"到前面来，凯利"的祝贺，同样，也失去了通过一个实例来讲授有价值的经验的机会。这绝对不是创设激励氛围的做法。

我们在麦伦和凯利的故事里看到，这类仪式并不需要豪华的场面。今天的领导者们发现，通过这样的公众活动激励人心可以在工作场所建立起信任并且加强人与人之间的关系。通过这种方式也可以提升人们的精神，加强对组织期望的意识，使得价值观和标准人性化，这样，我们的激励就达到了深入和持久的水平。更重要的是，作为一种非常有价值的教育手段，公开的认可展示了公司的价值观，激励他人学习他们所看到的受到奖励的行为。

公开的仪式还有另一个强有力的效果。它能够将人们更紧密地联系在一起。随着我们进入由语音邮件、电子邮件、蜂窝电话、视频会议和寻呼机为通信手段的虚拟世界，人们聚集在一起的机会越来越少。人是社会性的动物，彼此互相需要。那些幸运地获得比较多的社会支持的人比其他人要健康得多。社会支持对于我

第2章 激励的七个要素

们的安宁幸福和我们的生产力绝对是重要的。一起庆祝是我们能够获得这种重要支持的一个途径。

树立榜样

你不可能委派别人去激励人心。组织里的每位领导者——实际上，是每个人——都必须发挥主动性去认可个人的贡献，庆祝团队的成就，创设一种信任和支持的氛围。我们不可能等待周围的其他人去做这些事情。"你希望别人怎样对你，就怎样先去对待别人"这句话在这里非常适用。我们已经说过，领导力的基础是可信性。什么是可信性行为？人们一次又一次地告诉我们，可信性就是"做你表示你将做的事情"。领导者为他人**树立榜样**。他们实践自己所宣扬鼓吹的东西。如果你想让别人受到激励，你自己先要做个典范。

这确实是麦伦所做的。他树立了高标准。他信任别人。他通过走动关心对他人投入注意力。他使认可个人化。他讲述了这个故事。他和其他人一起庆祝。他树立了榜样。如果你自己不先迈出第一步的话，你就不可能指望组织里的其他人追随你的领导。

亲自参与也是关心人的真诚表现，能够帮助培养信任和合作关系。领导力不可能从远方运用。领导力是一种关系，而只有当人们彼此接触的时候，关系才可能形成。

同时，麦伦也将钱花在了他所提倡的方面。他通过给凯利50美元的支票并且将凯利的名字写在一个要在公众面前展示的勋章上而使得认可变得具体而真实。在使人们的头脑中对该行为的价值得以保持下来方面，支票和勋章本身并没有起到多么显著的作用。但是，当和其他的一切结合在一起的时候，这些具体而有形的奖励能够加强人们对事件的记忆。钱，当然并不算多，但它证实了组织确实很严肃地对待凯利的行为，并且愿意和凯利分享由

于他的行为而带来的收益。勋章对于每个人来说都是一个持久的提示：组织珍视那些表现出的行为与组织所倡导的价值观和标准相一致的人们。

> 附笔：零废品是一个非常严格的标准。走动关心是一个要求很高的行为。有效的沟通需要奉献和自我控制。公开展示情感不适合懦夫。众所周知，许多人对于公开讲话充满了恐惧。支持他人，特别是在面对重大变化的时候，更需要身体和情感上的双重付出。

这一切可能看起来很简单，但是我们知道，在典范领导力的五项实践中，激励人心是最难的两项之一。比如，我们已经发现，对于领导者来说，挑战过程要比激励人心简单得多。领导者需要学习的东西有很多。

我们开始理解了激励人心的七个要素是领导力的核心技能。它们不仅能够让人们感觉良好，还对事业的成功有着非同寻常的意义。当努力提高质量的时候，当从灾害中恢复的时候，当开始一个新的服务的时候，或者当做出任何一个重要变化的时候，领导者都必须确保人们从内心深处感受到他们所做的事情是重要的。

下章内容

作为一个学习的开端，再也没有比先按照一定的标准评估目前你所处的位置更好的办法了。这会给你一个进步的基线。为了给你创造这样的机会，我们从领导力实践问卷中精心抽取了有关激励人心的内容编制了一套含有 21 个项目的**激励问卷**(见下章)。

第 2 章 激励的七个要素

通过快速地完成这个很短的评估，你会对自己在激励人心方面拥有什么优点，以及还有什么有待提高有一个清晰的认识。这套问卷可以帮助你识别你应该把精力放在什么地方，以便在最短的时间内取得最大的进步。

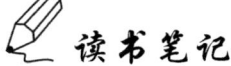 读书笔记

第 3 章

激励问卷

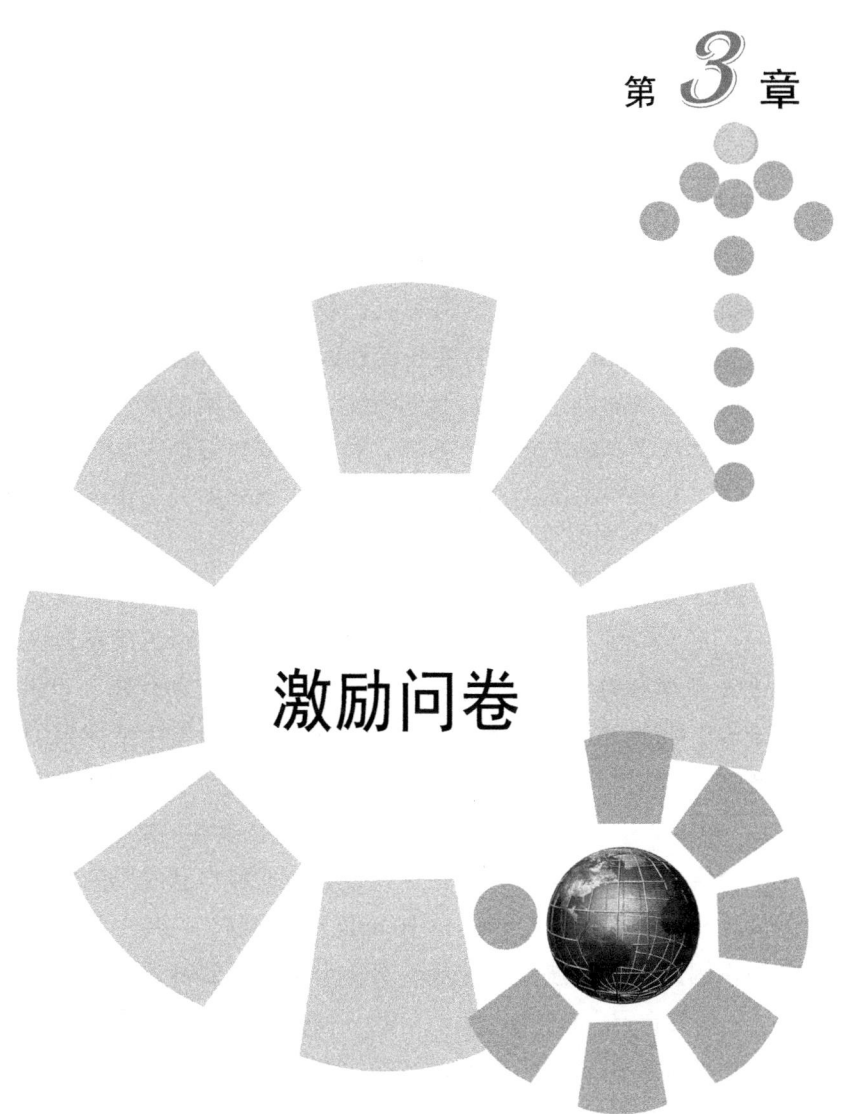

> 同情那些在没有爱心的批评和不加批判的博爱之间的夹缝里挣扎的领导者吧。
>
> ——约翰·加德纳,《关于领导力》

当我们开始研究领导力的时候，我们选择将注意力放在普通人，而不是那些知名度很高的人身上，看看他们是如何领导其他人完成非凡工作的。我们看到，我们中间的绝大部分人在自己的生活中会做出特别的功绩，并且经常鼓舞他人。我们想知道的就是和你一样的人是如何领导其他人达到前人从来没有达到过的成功的。

我们一次又一次地看到，领导力并不依赖神秘的特性或天赋才能，而是依靠个人了解自己的能力、了解自己的优势、了解自己的劣势、从日常生活得到的反馈中学习的能力，简单地说，依靠个人自我改善的能力。

> 领导力并不依赖神秘的特性或天赋才能，而是依靠个人自我改善的能力。

领导力研究的学者一直都在谈领导技能和自我改善的能力之间的高相关性。沃伦（Warren Bennis）观察到，在特尔斐（希腊古都，因太阳神阿波罗的神殿而著称）的古希腊神谕上刻的铭文是"了解你自己"。这也是我们中的任何人都要面对的最困难的任务。除非你真正了解了自己、你的优势和劣势，了解了自己想做什么，以及为什么想做，你才可能获得非肤浅意义的成功。

从我们开始我们的工作到现在，近20年过去了，在这段时间里，我们已经获得了大量的信息。在我们的数据库里，我们获得了2 500多个案例和10万多个调查报告。从所有的数据中，我们得出的结论是，领导力是可以通过学习而获得的。领导力的开发

第3章 激励问卷

就是自我开发：从我们的日常生活中得到反馈，树立自我改善的目标，向其他人学习，从经验中学习，改变做事情的方式，连续不断地拓展我们的能力，然后获得更多的反馈来检查我们的进步。

为了了解在我们的生活中应该发生什么改变，我们需要知道我们正在做的什么会带来我们想要的结果，以及我们正在做的什么不会带来我们想要的结果。在头脑中有一个正面积极的观点是很重要的。如果你现在正处在领导职位上，或者正在为这样一个角色而努力奋斗，你如果正在这么做，机会是绝好的，因为你或你生命中的其他人已经意识到了你在领导力方面的潜能。为了完全释放出这种潜能并且将这种潜能付诸实践，你需要对你自己的优势及应该如何依赖它们有一个很好的认识。

为了帮助你在自我开发的道路上前进，我们从测评卓越领导五种习惯行为的 LPI 问卷（Leadership Practices Inventory）中扩展出了测量激励人心的一些项目，列于我们的激励问卷（Encouragement Index，EI）中。我们力劝你在阅读关于每个要素的更多的内容之前花几分钟时间评估一下自己。从严格意义上来讲，激励问卷是一个自我评估的过程，因此，请在它上面花一些时间吧。

激励问卷

激励问卷（见表 3-1）列出了领导者为了激励人心所做的事情的 21 个陈述。仔细地阅读每个陈述，然后在 10 点量表上标明自己表现出该行为的频率。根据你目前的行为评价自己，也就是说，评估的应该是你现在已表现出来的行为，而不是出于对自己有利，认为你应该正在做什么或你在近期内打算处在（量表的）什么位置上。

用数字给你自己在每项行为上评定等级，将正确的数字写在每个陈述的左边的空白处。比如，你认为自己"偶尔"表现出该

行为,就在空白处填写 4。如果你认为自己"经常"表现出该行为,就在空白处写 7。

注意:要表现出这些行为,你未必非要在管理位置上。记住,领导力是每个人的事情。

表 3-1　领导力问卷

你表现出该行为的频率是多少?从下列分数中准确挑选出一个。
1—几乎从不　2—很少　3—不经常　4—偶尔　5—有时候　6—经常
7—相当经常　8—通常　9—常常　　10—几乎总是

1．我确定我们树立了一套激励我们在将来比现在做得更好的标准
2．我对于人们有能力完成的事情表示出高期望
3．我对于人们所做过的正面的事情比负面的事情投入更多的注意力
4．我亲自对人们所做出的贡献致谢
5．我讲述关于团队成员的特殊成就的故事
6．我确保我们的团队一起庆祝我们所取得的成就
7．当我们认可其他人的成就的时候,我亲自参与
8．我很清楚地将个人的价值观和职业标准向团队的每个成员传达
9．我让人们知道我对他们的能力是有信心的
10．我花费大量的时间听他人讲他们的需要和兴趣
11．我将我给予别人的认可个人化了
12．我寻找机会让人们了解我们正在做的事情的原因
13．我为了庆祝我们的成功举办专门的活动
14．我通过自己向其他人展示人们应该如何被认可和奖赏
15．我特别重视当人们正在从事的行为有悖于我们达成一致的标准时给予反馈
16．即使在艰难时刻,我仍然表达出积极乐观的态度
17．我亲自去结识那些和我一起工作的人
18．我找到富有创造性的方法让我对其他人的认可独特而新颖
19．我对于人们的典范行为的认可更多的是在公众面前,而不是私下
20．我想方设法地使工作场所令人愉快并且有趣
21．我亲自向做了很棒的工作的人祝贺

总分(将以上所有各项的得分相加,你可能获得的最低总分是 21 分,最高总分是 210 分)

第3章 激励问卷

 激励问卷评分方法

高尔夫球的一项规则在自我改善方面也同样适用：从球所在的位置击球。如果你不是高尔夫球球手，这句话的意思简单地讲就是不管球是在障碍区还是在离球洞仅有3米的攻击区，你都要从球所在的地方击球。应用在自我改善方面，这种观念建议，我们应该努力识别而且非常诚实地寻找**我们现在在哪里**。我们通过这种途径所获得的信息告诉我们从哪里开始改正，从哪里开始逐步加强我们的技能，以及如何充分利用我们的优势。就像每个好航海员都知道的那样，你必须了解你正从什么地方出发，否则，你就可能永远也到达不了你的目的地。

当你完成了激励问卷之后，根据下面对分数的解释为自己评定等级。

■ 186～210 分

你做得棒极了！你可能正看到你的许多同事高效率地工作着，士气很高。人们喜欢和你一起工作，因为你使得工作环境保持欢乐积极，甚至是令人鼓舞的。他们感到被欣赏，并且对于他们正在做出的贡献感觉很好。

看起来在你所有领导力的技能中，激励人心做得很好。你的出现本身就成了一种资产。如果你还没有正在这么做，在你的周围找到一些人，当你激励他们的时候，可以有效地显示出你的指导的能力。同样，如果人们还没有在认可和庆祝自己的成就方面发挥积极主动性，应用你的能力为他们提供框架和工具，这样，他们就不会等着你来操劳一切了。让他们知道，如果他们也鼓励并且祝贺别人的成就，就会非常棒。

最后，时刻关注激励人心的新途径，避免变得太重复、平庸

或令人厌烦。

■ 126~185 分

你做得相当好。虽然你的大部分同事有一定的工作效率，但是你可能觉得他们可以再高一些。你知道可能有一些抱怨，但总体上来讲人们还是乐于和你一起工作的。时不时地，你可以做更多的事情来激励和鼓舞人们的想法会萦绕在你的心头，但是你并不是特别清楚这些想法。

你清楚地认识到激励人心是很重要的，但是你可能对于天天都完全投入其中感到有些犹豫。为了进行下一步，问问你自己是什么阻止了你有更多的激励。比如，有些人因为觉得领导者应该和别人保持一定的情感距离，就限制自己对别人的激励。但是，当你开始着手做的时候，你会发现，即使你欣赏别人并且一起庆祝你们团队所取得的成就，你依然可以保持一定的距离。

也许你恰好不是啦啦队队长类型的人，你厌烦了对人已经获得报酬的工作再多来点什么；你觉得他们不应该再期望什么特殊的待遇。即使这有一些道理，可事实还是：我们是社会性动物，如果我们的努力得到答谢的话，我们中的绝大多数人会相应地做出好的反应。

不论是什么原因在阻止你，都坦率地正视它，并且在它和由于你激励人心而有所收获之间掂量掂量。你可能发现，当你在领导力的这一方面有更多成功的经验，并且对其驾轻就熟的时候，你对这一过程的不安也会逐渐减弱。

■ 66~125 分

你可能并没有在工作中发挥出自己的最高水平，你对这个事实也有非常清楚的认识。你甚至已经感觉到只有当他人觉得你在看着的时候，每个人才会满负荷地工作。但是，不要担心，在本

书的后面章节里有许多技巧供你使用,这样,你在激励他人的人心方面就可以成为行家里手了。

你也许已经感觉到了激励人心有一定的价值,但是你错过了将其付诸行动的机会。请开始留意你觉得值得欣赏或庆祝的你周围的人所取得的成就:一个人做出了突出的贡献使项目准时完成;你所在组织里的一个团队完成了一项富有挑战性的任务;或者一个人做了一件经过深思熟虑的事情而使你的工作变得容易了。你认可的范围可以从"谢谢你"到精心准备庆祝。

如果你对做其中的任何一项感到犹豫,看一看你能否识别是什么原因在阻止你。请放轻松些!想想你可以做的一些让你的工作场所更加有趣并且鼓舞在那里工作的人的事情——我们得加上一句:对你也是更加有趣和富有鼓舞的。即使一两声笑声也可以提高生产力和员工的满意度。

■ 21~65 分

我们的猜测是你的分数不会这么低。如果是真的,我们希望你立即着手将本书所列技巧付诸实践。如果你的分数真这么低,非常可能的一个原因是在等级评定中还有相当多令人不满意的地方,或者你对自己的要求太严格了。好消息是你正处在一个可以做出极大变化的位置上,而这些变化不仅可以提高生产力,还可以让你的工作轻松得多。

我们从我们的研究中得知绝大多数人在一个能够得到积极反馈的环境里会有更高的生产力,而在有很少或者干脆没有反馈的环境里,或只有做错了事情才会听到领导者对他们的批评的环境里,生产力会降低。

从今天起就致力于在你的工作场所找一些事情来庆贺。对使你的工作稍微有效一点的人说声谢谢你——这样告诉他们!也许你还没有意识到激励人心对于维持团队活力的重要性,或者也许

你正在忽视庆祝和给予认可的机会。看看在你的组织里可否找到一个人和你组成一个小组来帮助你激励他人。找到一个榜样，花一些时间和这个人在一起，学习他是如何激励人心的。

真正的领导力是有其自身固有的回报的；当你学会通过合作和认可而不是通过恫吓和控制来与他人一起工作的时候，它们（指真正的领导力自身固有的回报。——译者注）就会显现出来。

提高你的分数

当然，在对自己进行评估的过程中，你不仅对自己在激励他人方面做了多少或有多少欠缺有了一定的了解，而且还对于通过什么途径来提高有了自己的看法。例如，如果你给自己在问题 1 上的评分低，就需要开始寻找更多的机会表扬人。在问题 5 上的评分低，就去寻找庆祝成就的办法。在大多数情况下，就激励人心而言，你不需要离开你的工作场所来提高你在激励量表（EI）上的等级。

当你阅读本书后面七章的时候，你会找到真正的领导者是如何贯彻与实现激励人心的每个要素的。在每章，都会有如何达到本书所描述的领导力目标的实例、讨论和建议。我们的意图并不是要求每个人在将这七个要素应用到工作场所之前都必须全部掌握。相反，新的习惯是建立在每次小小的进步上的。

在你快速浏览了所有的七个要素之后，你会发现你自己真正地被吸引了。这可能是因为你已经在某些方面采取行动了，或者因为你得出结论这是你最薄弱的，也是你需要立即着手进行的方面。相信你自己挑选下一个正确步骤的直觉吧。

第4章

第一个要素 设定明确的标准

你必须要先有纪律，然后才会因此而获得自由。

——彼得·霍尔，英国国家剧院前院长

我们在第 1 章里遇到过东芝美国公司的托尼。他曾经告诉我们："我有一种亲自和我的伙计们在一起的需要。对我而言，工作和私人生活没有什么区别……激励来自内心，是心对心的，不是脑对心的，而且必须是真诚的。"

托尼是那种真心喜欢别人的人。他喜欢给他们买礼物，他喜欢邀请他们乘坐自己的小艇出游，他喜欢为他们烹调。托尼有 19 个堂兄妹，他曾经把他们都带到意大利去过。问和他一起工作的人，他们会告诉你他们喜欢在他周围。他让他们感觉很好。确实，他是真诚的。

但是不要错误地将托尼对人的喜欢看作无原则的。典范的领导力是软的，但要求也是苛刻的；是关心人的，但也是有原则的。正如托尼所说的："我经常告诉团队里的培训师们，他们必须先掌握计划，然后，他们才可以自由地去改变它。"对于托尼来说，树立一套人们需要达到的期望是关心人的主要部分。

当你还是小孩子的时候，你可能读过《爱丽斯梦游仙境》，还记得槌球比赛吗？火烈鸟是槌棒，扑克牌上的士兵是铁丝小门，美洲箭猪是球。还记得在那场比赛中是如何让所有部分持续运动而规则一直在改变的吗？

爱丽斯以一种相当抱怨的语调开始说话："我不认为他们在进行公平的游戏，而且他们吵得那么可怕，以至于自己都听不见自己说了什么，而且看起来他们并没有

第一个要素　设定明确的标准

什么特别的规则。至少，即使有，也没有人留意它们。当所有的事情都是活跃的时候，你没有任何不迷惑的办法……"

可怜的爱丽斯，她受到了如此大的挫折。不知道如何赢得这场游戏。即使游戏，看起来也没有理由。一切都是为了红心王后的利益。对于王后来说，这就是最主要的。

在我们的生活中，都曾经处在爱丽斯的位置上。我们不能确定让我们到哪里去，控制我们行为的基本规则是什么，或者我们在前进的道路上做得如何。就在我们觉得我们摸到了门道的时候，老板进来了，所有的事情都改变了。这和我们的内心需求不符。

激励人心的第一个前提条件就是设定明确的标准。正如我们在前面所指出的那样，这里的标准既指目标，也指价值观（或者原则）。它们都和对我们的期望有关，但目标的隐含意思是短期的一些东西，价值观和原则暗示着更加持久的一些东西。一般来说，价值观和原则是目标的基础，它们清楚地界定了目标的范围。

> 价值观和原则是目标的基础，它们清楚地界定了目标的范围。

我们可以从童子军身上学到许多东西

我们可以从女童子军和男童子军身上学到许多关于领导力的东西。我们两个人都有和这些组织接触的经验，我们都体验到了明确的目标的力量和对成就的认可的作用。

在这些组织里，男孩子和女孩子们学习并且许诺维护一定的原则。他们通过自己的行为获得提升和认可。当他们达到明确的目标时，他们可以获得荣誉徽章。如果他们获得了足够多的荣誉徽章，他们就可以获得一个固定的职位。对成就的认可可以是一

个臂章、一条勋带、一个奖章,也可以是一个有别针的徽章。

但是最令人愉快的是他们可以把这些佩戴在自己的军服上让所有的人都看到。他们的同伴知道他们的成就,以及他们是如何获得的。当然,荣誉徽章并不重要,重要的是标准和纪律。荣誉是达到标准的象征。

我们经常想象,如果我们在成人的组织里也沿袭了相同的传统,情况会是怎样的。如果你每次达到了一个标准都会获得一个臂章或一个有别针的徽章,让每个人都了解你所做的事情,情况会怎么样?

实际上,有人这么做了。就像橡树岭国家实验室(Oak Ridge National Laboratory)的雇员和组织开发主管约翰逊给我们解释的那样,实验室的一些领导力开发班里的毕业生们想发起一个团体,当他们将在课堂里所学到的东西应用在他们的工作中时,这个团体可以支持他们正在进行之中的成长和开发。在约翰逊和她的同事们的热心支持和帮助下,这些毕业生们发起了橡树岭国家实验室领导力行动协会(Oak Ridge National Laboratory Leadership Action Consortium),该协会现在已经有100名会员,会员们不仅可以进一步进行自我开发,而且可以参加一项对实验室有益的行动计划。

仪表和控制部的主管麦克唐纳,是一个致力于领导力开发的人,他志愿担任该协会的主席。为了给这个初创的工作增加更多的意义和独特性,麦克唐纳借用他的武术背景想出了一个"晋级徽章"的主意。麦克唐纳详细规定了橡树岭国家实验室领导力行动协会的七个水平级别;就像在武术中用彩色的带子表示技能掌握的不同水平一样,在协会里用彩色的有别针的徽章达到相同的目的。

1. 白色是第一级。它表示你对于开发自己成为一名领导者表示出了兴趣和愿望。

第一个要素　设定明确的标准

2. 橙色是第二级,表示行程的开始。要获得它需要完成实验室的"领导力永存"(Leadership Alive)序列里的一门课程。

3. 绿色表示成长。要获得它,你必须完成第二门课程,而且要完成一个在工作组范围内有影响的计划的启动,有效领导力方面的证据要很明显。

4. 蓝色是第四级,表示怀抱希望。你必须完成一个部门范围内的计划启动,要在其中展示出领导力的行为模式。

5. 棕色表示坚固的基础。要获得它,你必须完成三门领导力开发的课程,并且完成一个在实验室范围内(但是涉及面有限的)有影响的计划启动,在该计划中,同样要求展示出有效领导力的行为模式。

6. 红色表示激情。在这个水平上,你必须要完成一个在实验室范围内(涉及面适中的)有影响的计划启动,必须展示出有效领导力的行为模式。

7. 黑色是最高水平,它表示贡献。需要完成一个实验室范围内(涉及面广泛的)有影响的计划启动。同时你还需要被同伴们当作实验室里领导力方面的模范。

麦克唐纳、约翰逊和协会成员们所做的就是创造了一种简单但是一流的方式将绩效和奖励联系起来。他们明确规定了每个等级,并且将为了获得该等级必须要完成的任务清晰地表述出来。如果达到了标准,人们就可以自豪地佩戴他们的胜利果实了——确确实实的。

约翰逊说,更加意味深长的是麦克唐纳亲自授予这些有别针的徽章。他是一位非常受尊敬的实验室领导者,他的亲自参与表明了人力开发和个人的主动性对于橡树岭国家实验室的成功的重要性。不仅仅是有别针的徽章,还有人。

但是明确的目标——在本例中是七个水平——和诸如个人成长,以及贡献等价值观是如何真正地激励人心的呢?当然,我们知道它们是如何对绩效产生作用的,但是,在振奋人们的精神、灌输信心、提高乐观和希望水平或提供个人的支持方面,标准扮演的角色是哪部分呢?让我们来看一看。

承诺产生于个人的价值观

人类不可能将他们的心放在一些他们不认为有价值的东西上。我们不会将精力和热情投入就我们个人而言并不合适的事情上。就像穿着一条太紧的裤子一样,太不舒服了,我们看上去会很笨拙,我们感到非常尴尬,我们不能轻松地走动。

我们的研究发现,价值观对于人们在组织里如何表现,以及人们对自己、对同事和对领导者是如何感觉的等方面起着重要的作用。我们知道人们希望他们的领导者能够代表什么;我们知道他们期望他们的领导者对自己的下属有自信;我们还知道领导力的基础是可信性。作为领导者,走向可信性的第一步就是要澄清个人的价值观。

但是作为研究者,当我们更深入地探究共享的价值观问题——个人的价值观和组织的价值观之间的一致性的时候,我们发现了一些非常发人深省的问题:个人价值观的清晰度确实是影响个人对于组织的承诺(忠诚)水平的重要力量。

> 个人价值观的清晰度确实是影响个人对于组织的承诺(忠诚)水平的重要力量。

图 4-1 表明了我们所收集到的一些关于价值观的清晰度是如何影响一个人对组织的目标和目的的承诺(忠诚度)的数据。四个小格代表着个人和组织的价值观的清晰度。格子里的数字说明

第一个要素　设定明确的标准

个人对于他们的组织的承诺（忠诚度），其中数值 1 表示程度低，数值 7 表示程度高。

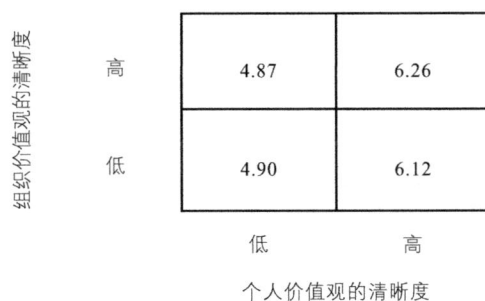

图 4-1　价值观的一致性和个人承诺（忠诚度）

最高的数字——表示组织承诺（忠诚度）的最高水平——就在我们所预期的地方：在表明个人和组织的价值观的清晰度都高的小格子里。共享的价值观确实有重要作用。

承诺（忠诚度）的最低水平在两个表明个人价值观的清晰度低的格子里。即使在我们很清楚组织价值观的情况下也是这样的。最后，承诺（忠诚度）水平第二高的在个人价值观的清晰度高而组织价值观的清晰度低的格子里。虽然这一点起初让我们感到诧异，但它是有意义的，因为对个人价值观最清楚的那些个体在基于原则，包括组织的原则是否和他们的原则相符的选择方面做的准备更充分一些。

当个人的价值观决定着对一个组织的承诺（忠诚度）的时候，它就很重要了。托尼说："不同的人被不同的东西激励。我必须了解他们的核心价值观。"作家班尼特和苏珊也指出："如果我们完全由别人引领我们的生活，那实际上我们不会竭尽全力。因为我们不会按照一种使我们个人的才智和能力完全发挥出来的方式工作。我们的生产力会低于我们能达到的最佳水平……我们自己作为一个重要部分并没有投入其中。"

但是,我们并不总是将这条知识应用于实践中。我们都知道组织——甚至可能是我们自己——派出了一群管理者去幽静的地方静思,创造出了企业的价值观宣言。当他们回来的时候,手里握着信条,把它印刷在海报上,把它压制成可以放在皮夹子里的卡片,制作出相关的录像带,把它发表在年度报告中,举行培训课程让人们以它为参照的,把它刻在石头上放在总部的大厅里。然后,他们(指管理者们。——译者注)等着承诺(忠诚度)的高涨。但是,他们所期待的情形不会发生,而且永远也不会。

除非同时在帮助员工理解他们的价值观和检查他们的价值观与组织的价值观之间的一致程度方面做出努力,否则,上述种种工作很可能成为时间和金钱的巨大浪费。我们绝对不是在暗示组织的价值观不重要,但是,组织的价值观只是这个综合体中的一个方面。承诺(忠诚度)是一个个人和组织之间的匹配问题,而个人的价值观会推进这种匹配。

对于领导者的建议就是在价值观方面统一的声音都是来自发现和对话。领导者必须投入和员工的讨论中去,讨论价值观意味着什么,讨论组织所支持的价值观是如何影响他们的信念和行为的。领导者也必须有能力而且愿意在新成员的招募、选拔和指导中讨论价值观和期望。早一些仔细地考察个人和组织之间的匹配程度,总比在以后的一些不眠之夜才发现在原则问题上有巨大分歧要好。

目标集中我们的思想并且塑造我们

芝加哥大学的教授米哈里(Mihalyi Csikszentmihalyi)研究一种叫作"入流"(flow)的状态已经有二十多年了。入流指的是那些我们感到纯粹的快乐,并且对我们在做的事情感到毫不费力的状态。在他的发现中,他报告说:"为了体验到入流的状态,拥有

第一个要素　设定明确的标准

明确的目标是有帮助的——并不是因为达到目标具有不可或缺的重要性，而是因为如果没有目标，就很难集中注意力和避免分心。因此，一名登山者将达到顶峰作为他的目标，不是因为他有强烈的愿望要达到它，而是因为这个目标使得登山的事件成为可能。如果不是为了顶峰的话，攀登就会变成没有意义的、让人得不到休息的，并且缺乏兴趣的溜达。"

虽然我们中的许多人将目标看作终点，米哈里建议目标的重要功能是让我们带有目的并且充满能量地行动起来。让我们竭尽全力的真正重要的一点就是要专心并且将注意力集中在对我们有意义的事情上。通过计划做某事，通过树立一个目标，我们开始着手去做。我们采取行动。我们所采取的行动有一个目的，它并不是漫无目的的徘徊；我们的行动有一个目标，我们并不是在原地踏步；我们理解为什么我们在做我们正在做的事情。

目标同样帮助我们集中思想，并且摆脱任何干扰我们专注的事情。语音邮件、电子邮件、传真、电话、内部备忘录、寻呼机和穿过小书房的喊叫声经常打断我们的工作。我们怎么知道应该做出什么反应？我们怎么知道对什么应该说是，对什么应该说不？目标让我们走在正道上，它们告诉我们将电话设置为请勿打扰的模式，关上门，制订我们的时间计划。

模范领导者们确保工作不是漫无目的的溜达，而是有目的的行动。行动使人们感到更加有活力，责任更重，意义更大。目标决定了人们的行为，而且不管我们有没有意识到，它对于人们怎么看待自己起着重要作用。正如米哈里所指出的："是我们所追求的目标塑造和决定着我们将成为哪种类型的个体……缺乏一个连贯一致的目标，就很难发展出和谐的自我……一个人认可的目标也决定着一个人的自尊。"

是员工自己决定目标好一些，还是领导者为其树立目标更好一些？一个绝对的事实是，人们愿意自己树立目标。大量的研究

得出的证据表明，如果人们是自愿地去做一些事情，他们会感到自己和所做的事情都是最好的。但是，"当人们所做的事情是被强制的，他们的感觉不是最糟糕的"；事实上，"当他们做某些事情的动机是因为没有其他事情可做的时候"，他们的感觉才是最糟糕的。

你可能对此产生共鸣。还记得当你被派去做一些不必要的工作的时候吗？你已经完成了一些任务，你的主管再也想不出其他可以让你做的事情了，于是他就派你去复印资料以便让你忙碌。结果得到的是一堆纸和一种自己就像老板控制之下的一双手的感觉。领导者们应该吸取的教训是要让人们知道为什么做某事，以及做此事的最终的目的是什么，这一点很重要。

目标加反馈令我们投入

人们需要知道他们是在取得进步还是在原地踏步，目标可以起到这个作用。但是仅仅知道我们想要到达的顶峰还是不够的，我们还需要知道我们是还在往上爬，还是在向下滑。

一项关于清楚而且积极的沟通对于内部动机和身体耐力的影响的研究对我们很有启迪作用。在一个研究中，斯坦福大学的班杜拉想揭示出人们愿意付出努力完成一项任务的积极性在目标和反馈存在与缺乏的情况下是如何受到影响的。他发现只有当人们有一个具有挑战性的目标，并且能够得到关于自己的进步情况的反馈的时候，人们才有提高生产力的动机。如图 4-2 所示，没有反馈的目标和没有目标的反馈，对动机的影响都很小。

第一个要素　设定明确的标准

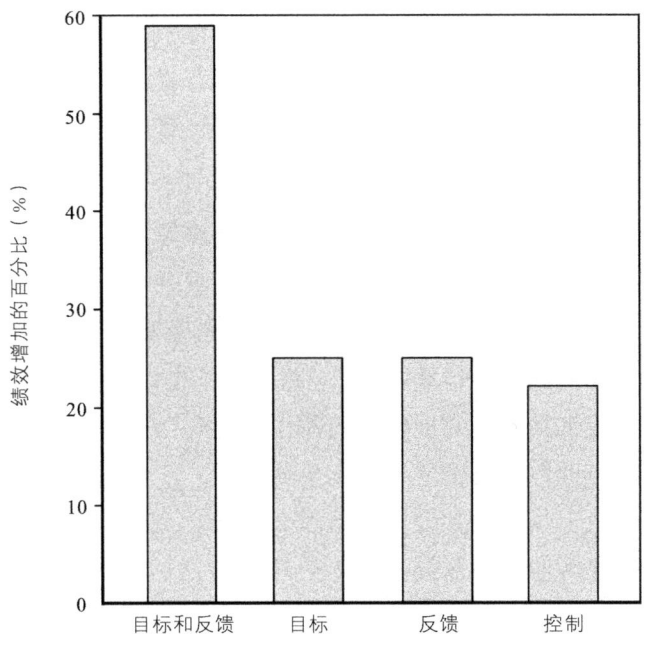

图 4-2　目标和反馈对动机（绩效）水平的影响

仅仅宣布我们有零废品的质量目标还不足以使人们付出更多的努力。只有目标是不够的，除非我们在前进的路上能够获得我们做得怎么样的一些信息。同样，仅仅给出反馈也没有实际效果。人们问："零废品？你为什么要给我关于那个的反馈？我原先不知道那就是我们的目标！"但是有了清楚的目标和详细的反馈，人们就能够自我纠正了，并且能够更容易地理解他们在一幅宏大的蓝图中所在的位置。有了反馈，他们还可以确定他们需要从别人那里得到什么帮助，以及谁可能从他们的协助中获益。在这些情况下，他们将愿意付出更多的建设性的力量。

在一项颇吸引人的研究中，士兵们接受了几周艰苦的培训。在整个培训中，他们都在竞争一个特殊部队里的职位。在培训结束的时候，还剩下最后一个挑战：带着全部装备急行军。在急行军的时候，新兵的积极性特别高，因为他们知道如果在急行军中

不能跟上的话，就意味着失去了加入特殊部队的机会。

在行军过程中，士兵们被分为四组，组与组之间无论如何都不能有沟通。每组都需要在同一天穿越几乎一样的地形，行军20千米，唯一不同的是各组接到的口头指令：

- 第一组士兵被告知他们将行军的准确距离——20千米，而且一路上他们定期地被告知他们的进展状况。
- 第二组士兵仅仅被告知："这是一次长距离行军。"没有人知道他们到底要行军多远，一路上也不告诉他们进展状况。
- 第三组士兵被告知他们将行军15千米。在行军14千米之后，告诉他们还需要再走6千米。
- 第四组士兵被告知他们将行军25千米。在行军14千米之后，告诉他们只需要再走6千米。

在完成行军之后，对四组士兵进行评估，看哪组任务完成得最好，哪组最能够承受压力。你认为哪组做得最好并且遭受的压力最小？哪组做得最差并且遭受的压力最大？

你猜到了吗？研究者们发现，第一组任务完成得最好。知道自己要走多远，并且得到定期的报告是其中的关键。

也和你可能预期的一样，第二组任务完成得最差。仅仅知道"这是你们一直等待着的长距离行军"，但并不知道他们将要行军多远，并且一路上收不到任何信息使他们的成绩最差。要记住，这一组的士兵是情况最佳的，他们和第一组一样完成了相同的培训，在组的构成方面没有区别。所以，下一次如果你听到诸如"噢，这就是我们都一直在等待着的挑战"一类的话，要小心了。这是在询问更多信息。

对有些人来说奇怪的是，第三组获得了第二好的成绩。这些士兵被告知他们将要行军15千米，但是在走了14千米的时候，告诉他们还有另外的6千米需要走。很显然，对于一个被高度激

第1章 第一个要素 设定明确的标准

励的组来说，这个"扫兴"不如第四组的情况。

第四组排在第三。他们被告知要行军25千米，但是在14千米的时候告诉他们还有6千米要走。很显然，原先还以为有更远的路要走，后来你又知道不需要走那么远了，这会比知道要走更远一些更让人扫兴。它看起来会将你步伐里充沛的精力抽走。

在行军过程中和行军结束24小时之后都进行了针对压力的血液测试，结果和上述讨论一致。血液测试是特别针对氢化可的松和催乳激素的，这两种荷尔蒙会随着压力升高而升高。可以预见的是，在对行军了解最少的一组（第二组）里，两种荷尔蒙的水平最高。在确切地知道他们需要行军多远，并且收到定期报告的一组（第一组）里，两种荷尔蒙的水平最低。

急行军的实验结果和其他类似研究的结果向我们显示了终生增长的发展潜能。至少，领导者们如果提供了一个正确的方向，并且在行进中不断提供反馈，就能鼓励人们最大限度地发掘潜力并竭尽全力。领导者们使不可能变成了可能，而且激励人们努力将可能变为现实。关于目标及目标实施情况的信息，不仅对我们的能力，而且对我们的生活都有强烈的影响。请经常谈谈激励人心吧。

> 领导者们如果提供了一个正确的方向，并且在行进中不断提供反馈，就能鼓励人们最大限度地发掘潜力并竭尽全力。

激励是反馈

激励可以说是一种反馈的形式。它是告诉我们正在取得进步，正走在正确的道路上，正在朝向标准前进的正面信息。但是，激励比其他反馈形式更加个人化。激励需要我们接近人，表明我们关心他们，证明我们对别人感兴趣。因为它更加个人化并更加正

面积极，更可能使人完成一些其他形式的反馈所达不到的目的。激励人心加强了领导者和追随者之间的信任，而这是组织中获得超乎寻常的成绩的一种绝对重要的关系。

激励人心可以完成对优秀绩效至关重要的一些事情。它对人们的心灵说话——说深层的价值观和信念，说一些超越物质的事情，而且对创造工作场所的意义有贡献。

人类深层次渴望非常重要。派克（M.Scott Peck）的书《野路幽境》（*The Road Less Traveled*）销售了数百万册，不只是几周而是几年都名列畅销书之列，很显然，人们在不断追寻生活的更深层意义。人们确实希望对一项他们能够在其中做出超乎寻常的事情的共同事业做出承诺，并且联合为一体。伟大的领导者就像伟大的公司，创造意义，不只是金钱。

在每个行业中，最受尊敬的领导者都知道谋取他人支持的第一个要素就是，找到并全神贯注于该文化共有的价值观里最好的东西，以及它对成员的意义。这种共有的目标有助于我们联合在一起，它让我们加入了人类的大家庭。最优秀的领导者能够鼓励并利用人类寻求和实现人生意义这一点。当领导者坦白直率地表达明确的目标时，他们认同了每个人要竭尽全力的心愿。他们振奋了人的精神。

但是为了确保人们确实达到了其最佳状态，领导者必须引发他们最好的东西。引发最好的东西要从信念开始，信念会变成自我实现的预言。

➥ 对设定明确的标准的思考

- ✓ 你最珍视的价值观和原则是什么？
- ✓ 你是如何将这些信念传达给别人的？
- ✓ 别人对于你所坚持的有多清楚？

第1章 第一个要素 设定明确的标准

- ✓ 你是如何创造意义,而不只是挣钱或做个姿态的?
- ✓ 你正在引领的目标的明确性和特殊性如何——对于你和他们分别来说?
- ✓ 你和他们如何知道已经达到成功?你和他们如何看待、体验、感觉成功?
- ✓ 你是如何获得对你作为领导者评价的反馈的?
- ✓ 其他人如何获得绩效的反馈?
- ✓ 这个反馈在帮助你和其他人进步方面的作用如何?
- ✓ 你如何改善你和他人获得反馈的方式?

 读书笔记

第 5 章

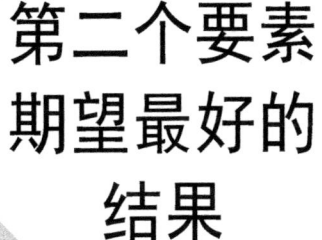

第二个要素
期望最好的
结果

> 从我进入校园的第一天开始直到我毕业时为止，每个人都告诉我许多我在艺术方面的优点。最终，你的生活将走向何方？走向你有许多优点的那个方向。
>
> ——路易丝·尼夫尔森，雕刻家

在希腊神话里,有一个关于塞浦路斯(Cyprus)的一位国王的故事。皮革马列翁(Pygmalion)不仅是一位国王,还是一位雕刻家。他雕刻了一尊非常美丽的少女雕像。他爱上了她,被自己所刻的雕像迷住了,整天沉迷地盯着雕像,思念她。他渴望让她有生命,但是他也知道,她只不过是象牙制品。苦恼的、充满了愁闷和伤感的渴望的皮革马列翁召唤阿芙罗狄蒂(Aphrodite)——美、爱与生育的女神。他请求她赋予那美丽的雕像生命。阿芙罗狄蒂同意了国王的请求,赋予了这尊雕像生命。当然,这使得皮革马列翁欣喜若狂。

剧作家萧伯纳在这个经典的传说基础上,写下了舞台剧《皮革马列翁》。你也许还记得他的音乐喜剧《窈窕淑女》(*My Fair Lady*)。在剧中,发音学教师希金斯(Henry Higgins)教授遇到了说着难听的伦敦东区方言(Cockney)的卖花姑娘杜利特尔(Eliza Doolittle)。希金斯相信凭借自己的技能和愿望的力量,可以把这个卖花姑娘改造成一位淑女。他的努力和杜利特尔的勇气与坚持不懈的付出真的带来了她的改变。但是结局要远比简单的戏剧多得多。杜利特尔不仅学会了像一位淑女一样说话和做事,而且她自己已经融入其中。她学会了相信自己。

社会和行为科学家们开始将这个享有盛名的传说故事中的经验运用于课堂和工作场所。哥伦比亚大学的社会学教授默顿(Robert K.Merton)创造了一个新词——"自我实现的预言"(self-fulfilling prophecy),并提出了一个理论,即当一个人预言什么事

第5章
第二个要素 期望最好的结果

情将要发生的时候,这个期望会改变此人的行为,而改变了的行为使得事情更可能发生。

哈佛大学的罗森塔尔(Robert Rosenthal)教授做了广泛的实验来检验该理论,并且在他的一个

> 当一个人预言什么事情将要发生的时候,这个期望会改变此人的行为,而改变了的行为使得事情更可能发生。

实验过程中为了解释所发生的事情,创造了一个新的术语"皮革马列翁效应"(Pygmalion Effect)。他和共同做研究的人发现,如果我们期望他人成功,他们很可能成功。如果我们期望他们失败,他们很可能失败。人们倾向于不辜负我们对他们的期望。从那以后,为了检验这个观念,他们进行了数百个实验,所有的实验都表明,人们的行为倾向于和我们的期望一致。

如果在我们的生活中有信任我们的人,而且他通过和我们的交互作用不断地向我们强化他的这一信念,我们实际上会受到这种支持的强烈影响。如果在我们的体内存在潜能,当一位领导者花时间培养我们的时候,这种潜能就会显露出来。确实,观察表明,管理者通过许多方式来表达期望。有正面积极期望的管理者创造一种让人们感到安逸、自由自在的氛围。他们提供积极的强化,给予其他信息,给予他人机会来获取开展工作所需要的信息和资源,而且可能给予他们协助并且给他们更好的任务说明。那些有负面消极期望的管理者的行为刚好相反。那么,你认为哪种行为可能产生更好的结果呢?管理者的态度影响了他对别人的行为,行为又影响了结果。

更重要的是,研究者们已经发现,当人们认识到他们有能力用不同寻常的方式完成任务的时候,他们开始发展自我期望。他们的自我预言开始自我实现。麦伦这样来陈述这一点:"简单地说,人们必须相信他们有能力解决问题,有能力找到一种新的更好的办法。如果他们不信任自己,不信任自己的能力,他们就不能……

如果他们所尊敬的人是一个信任他们的人,他们就会更加信任自己。这就是我们在 NATD 努力所做的,重复地强化我们的同事的自尊、胜任力和他们的潜能。"

这难道不是常识吗?没有一个神志清醒的管理者会有不一样的想法或行为,但是根据法国枫丹白露(Fontainebleau,法国北部一个小城,位于巴黎东南部。其在弗朗西斯一世时建造的城堡是个历史悠久的皇宫,现在是法国总统避暑的官邸。——译者注)的 INSEAD 的会计和控制学教授 Jean-Francois Manzoni 和他的研究伙伴 Jean-Louis Barsoux 的研究,不是这样的。他们的极度细心和精确的研究发现:"老板——虽然是偶然地并且通常都是出于最好的意图——经常摆脱不掉导致员工不成功的干系,为什么这么说呢?因为他们创造和强化了一种可以被知觉到的低绩效者会失败的动力……"

Manzoni 和 Barsoux 解释说,在和皮革马列翁效应的伟大期望的动力完全相反的情况下,创设失败综合征会在不知不觉中开始。一名雇员似乎存在绩效问题——错过了截止期限,失去了一位客户,或者当一位管理者因为个人原因而远离其直接下属的时候,这种综合征就可能开始了。这引发了管理者对直接下属的监督和控制的增加。这个直接下属开始认为管理者对她缺乏信任和信心。终于,直接下属因为低期望而停止了做出独立决策或主动性的行为。当然,这又会强化管理者原先认为她是一个低绩效者的看法,问题因而进一步加剧。

Manzoni 和 Barsoux 观察到创设失败综合征"是自我实现和自我强化的一个典型的恶性循环。这个过程之所以是自我实现的,是因为老板的行为恰恰是促成低绩效者该行为的因素;这个过程之所以是自我强化的,是因为老板的低期望,以及他的下属对这种期望的实现,激发了老板这方面的更多的类似行为,而这又会引起下属方面的更多的类似行为"。

第5章
第二个要素　期望最好的结果

高期望和低期望都会影响他人的绩效。只有高期望才会对一个人的行为和他对自己的感觉有积极的影响。只有高期望才能激励人心。

高期望导致高绩效

成功的领导者对他们自己和他们的下属都有高期望。这些期望并不是存在于他们的头脑中的一些用来保持乐观的态度，或者让他们自己在心理上做好准备的没有价值的东西。其他人对我们能力的信心起的作用很大。成功的领导者所抱的期望为人们寻找和自己的客观实际相匹配的位置提供了一个框架。就像皮革马列翁一样，这个框架在人力开发方面起着重要的作用。也许你不可能把一尊象牙雕塑变成一个真人，但是你可以释放下属的最高潜能。

> 加利福尼亚的太阳谷社区服务公司（Sunnyvale Community Services，SCS）的行政主管南希·泰佛是一个将这一原则应用在实际方面的出色的例子。她非常相信自己的能力，也非常相信每个员工和志愿者的能力。1991年，当泰佛第一次来到SCS的时候，她认为志愿者们并没有被充分利用起来。许多管理委员会的成员和雇员都觉得志愿者们不具备处理和当事人、捐赠人及公司关系户之间相互关系的技能，但泰佛相信他们有这个能力。现在，SCS让志愿者们从事以前只能由雇员才可以从事的工作。实际上，有700多名志愿者工作在公司的行政部门、三个食品项目、社区圣诞中心、计算机运营中心，而所有的这些都在一名志愿者主管的管理之下。绝大多数优秀的志愿者都超过了65岁。志愿者提供的时间从每年的6 000小时增加为每年20 000小时。

除此以外，SCS 还是全国唯一的一家没有因为资金被耗尽而拒绝接纳符合条件的当事人的紧急求援机构。在泰佛的领导下，SCS 在经济不景气和许多机构都经历着严重的资金短缺的情况下增加了对低收入家庭的紧急援助资金！6 年前，SCS 划拨了 34 000 美元来预防物资中断、支付医疗保健和处方药；去年，SCS 划拨了 240 000 美元。6 年前，SCS 每个月给予 80 户家庭食品援助。现在，获得援助的家庭已超过 525 户，而且援助的食品更丰富和充足。

原先的管理者们和雇员们对于志愿者有某些偏见。觉得他们因为志愿，所以既不可能有足够高的动机，也不可能有足够多的技能和经验来承担起机构的一些任务和责任。因而，志愿者们大都被安排在不需要多少动机、技能和经验的工作上，仅仅赋予他们最小程度的责任。结果是从来没有给予他们机会来展示超越完成那些最不重要的工作的潜能。那些管理者们和雇员们的想法，或者说，他们的预言，阻碍了志愿者们的发展。泰佛认为通过激励，这些人同样可以成为优秀的人才。她将志愿者们安排在责任重大的岗位上，给予他们所需要的培训和指导，并且激励他们竭尽全力。他们的确那样做了！

当 SCS 需要对其计算机系统升级的时候，却没有钱来为新系统的使用培训人员。泰佛认为这并不是一个障碍而是一个机会。她又一次求助于志愿者——将这个任务委托给她 15 岁的儿子，他是一个计算机高手，把这个机会当作一次真正的挑战。他为他的这个雄鹰童子军项目（Eagle Scout Project）写了 41 页的指导手册。然后他将他组里的 10 个男孩培训成了"教练"，这些教练们再去指导机构里的其他人使用这个新的计算机系统。每个教练都选定了一名员工或志愿者，当他学习这个系统的时候竭力帮助他。

第二个要素　期望最好的结果

是什么激励着这些志愿者们？为什么在泰佛的管理下SCS的情况有了如此彻底的改变呢？其关键就在于她对她的志愿者们寄予了很高的期望，而这些期望也确实给她周围的人的新生活注入了活力。她预言他们会成功。

我们的研究表明，当人们受到处在领导位置上的人激励他们要竭尽全力的时候，人们常常会焦虑或紧张。但是当领导者对他们寄予高期望的时候，他们又会斗志昂扬并且毫不犹豫地照着期望去做。我们访谈过的所有人都非常配合且对他们所面对的挑战感到兴奋。被他们的领导者的高期望所激励，他们的自信心大增，而这又给予他们勇气和意志力真正去达到领导者所期望的。

这种对于别人能力的信任的表示不仅仅出现在工作情景中，还可以在其他任何地方表现出来。爱达荷州的商人班尼特给我们展示了一个感人并且有力的例子。

> 班尼特是第一个到达雷尼尔山（Rainier，位于美国华盛顿州中西部喀斯开山脉的一座火山。——译者注）顶峰的被截肢者。那可是4 300米高啊，凭借着一条腿和一对拐杖。
>
> 在攀登的途中碰到了一段险路，班尼特和他的团队必须要穿越一段冰面。为了穿越这段冰面，攀登者们必须在他们的靴子上钉上尖铁钉以防止下滑，而且要在冰上凿洞以便利用杠杆作用增加稳定性。遗憾的是，只有一只钉上了尖铁钉的靴子和一对拐杖的班尼特被困在了冰上。他能够穿过这块冰的唯一办法就是脸朝着冰面摔下去，尽可能地将自己摔得远些，站起来，然后再摔下去。他只能通过摔倒自己的办法穿越这段冰面。
>
> 在这次特别的攀登中，他十几岁大的女儿凯特刚好和他在一起，她目睹了在自己父亲身上发生的事情。当团队的领导者在冰上凿洞以便班尼特能够跳到干净的雪上并且穿越这段冰面的时候，班尼特的女儿在这4小时的斗争中一直陪伴在他身边。

> 当班尼特跳的时候,她在他的耳边大喊:"爸爸,你能行的。你是这个世界上最好的爸爸。你能行的,爸爸!"

在班尼特给我们讲述了这个故事之后,我们知道当他的女儿在他的耳边喊着那些话的时候,他一定能穿越这段冰面。你想知道什么是领导力?凯特所做的一切就是领导力。她对父亲的信任及她的言语触及了班尼特内心深处,加强了他的决心,激励了他的斗志。

积极的设想创造积极的可能性

积极的期望产生积极的结果,它们首先在我们的头脑中创造出积极的设想,这些设想又产生其他积极的可能性。首先在我们的头脑中构造出对自己和别人的积极的前景。就像西部后备军大学的大卫·库珀瑞德教授所写的:"我们所看到的是我们想象的视野所容许我们看到的范围。"眼见为实,结果是可以终生证实和终生提高的。

运动员很久以来就知道存储在头脑里的景象会影响绩效。除非我们对自己的成功充满自信,否则很难做出带来成功的行为。一个又一个实验表明,积极的设想使团队更加高效,减轻疾病的症状,提高在学校、军队和商界的成就。

在一个很令人感兴趣的实验中,保龄球手们展示了积极的设想对绩效的影响。被分成不同组的一批批保龄球手首先学习了有效的保龄球打法的课程。在这些课程之后,保龄球手们开始练习。其中一些人在练习的时候被录了像。在被录了像的球手中,一组只看到了自己表现得好的画面,另一组只看到了自己表现得糟糕的画面。那一组只看到自己表现得好的画面的保龄球手比其他任何球手所取得的进步都要高。

第二个要素　期望最好的结果

荷兰的社会学家佛雷德·泼莱克（Fred Polak）曾经观察到："对于未来的设想预示着或者伴随着文化的兴衰。在一个社会的设想是积极并且欣欣向荣的时候，文化之花也是盛开的。一旦这个设想开始衰退并且失去活力，这种文化也就不会存活很久。"泼莱克所说的具有深刻的哲理。看一看你所在的组织，你所在的社区，你的周围。设想被逼真地描述了吗？所讲述的故事是积极的还是消极的？这预示着什么？你所在的组织的文化是积极的还是消极的？考虑到劳动力大军中日益盛行的玩世不恭和愤世嫉俗，一个人可能很理所当然地对未来是什么样子感到迷惑。如果泼莱克所说的是真的，如果我们作为个人同时作为领导者希望能够激励别人积极地行动并全力以赴，我们最好现在就开始对自己和下属描绘未来的设想。

谁领导领导者

很显然，和领导者的高期望可以在他们的下属身上带来皮革马列翁效应一样，下属们的期望同样会影响他们的领导者的行为。已经有证据表明，当下属表达出作为领导者应该是多么优秀的一个人的高期望的时候，有能力的领导者可能调整他的自我概念和自我期望来和别人对他的认识相匹配。有了这种想要拥有模范的领导行为的动机，下属的预言就实现了。

那就难怪当人们给我们讲述在他们的生活中真正重要的领导者的时候，常常提起的是那些信任他们，并且鼓励他们超越自我怀疑、更加完全地实现自己的最大能量的人。他们谈论那些用鼓励他们自信的方式来对待他们、使他们超越自我的领导者。

作为激励人心的一种方式，成功的领导者在皮革马列翁效应上的评定等级很高。以其最简单的形式，就可以提高自尊。用隐喻的手法来说，就是它寻找并且发现了隐藏在石头里的美。事实

上,当起杠杆作用的支点发生改变的时候,我们会看到由于高期望所带来的自尊的提高。研究和日常经验都证实了不管人们的年龄如何、受教育水平如何或者社会经济地位如何,具有高自尊的人"感觉是独一无二的、胜任的、安全的、被授权了的,而且是和他们周围的人联结在一起的"。

自尊对所有的人都是一种收益

为了说明自尊和自我实现的预言的力量,社会心理学家伍德(Robert Wood)和班杜拉(Albert Bandura)一起做了一个有趣的实验。他们创造了一个模拟组织,然后引入经营的专业人员来管理它。要求这些专业人员对员工特性和工作要求进行匹配,然后熟练掌握一套复杂的指导和激励员工的决策制定规则。

参加实验的一半专业人员被告知决策制定技能是随着实践而发展的,也就是说,它们是通过自己后天的努力而获得的。另一半人被告知这些技能反映了一个人基本的认知能力,意味着它们是天生就有的技能。因此,前一组工作的前提是决策制定是可以被学习的,后一组工作的前提是你要么具备这些技能,要么不具备。

然后,给这两组专业人员一些管理任务,其中包括激励参加这个模拟组织的人。在整个模拟过程中,要求被试者对自己在所管理的群体按照所期望的生产力水平工作的有效性方面进行等级评定。在开始的时候,两个管理组都表现出中等强度的管理的有效性。但是,当他们努力使员工去达到越来越高的生产标准的时候,后一组的自我评定等级大幅度下降了。与此同时,由于他们的自我知觉下降了,他们对员工的态度变得相当严厉无情;他们开始认为下属不可能被激励、不值得管理并且应当被解雇。

相信可以通过后天努力学习而获得技能的那组管理者,和另

第5章

第二个要素　期望最好的结果

一组遇到了同样的问题，却保持了高水平的效能。由于他们相信自己的能力可以通过后天努力而获得，他们树立了更加具有挑战性的目标，并且极好地利用了分析战略。他们相信他们可以学会，他们就做到了。这种坚定的信念对他们待人接物的信心和行为产生了影响。

在现实生活里，安托尼亚·扎瑞特展示出了这条原理的力量。他领导着 Metalsa——一家位于墨西哥蒙特雷的汽车金属冲压工厂，从一个有10%废品率和仅有国内市场的工厂转型为一个获奖的、拥有40%出口率的世界级企业。他接受这个挑战完成所有的这一切所用的人就是 Metalsa 原雇用的墨西哥本地人。区别在于扎瑞特相信工人们可以做到这一点。他相信不存在低质量的工人，只有领导不力的管理者。他从来都没有对他的工人放弃过，他也从来没有对自己放弃过。

我们从所有的这些里学到了什么？很显然，在我们激励人心之前，我们必须信任别人，还有我们自己。我们给予别人的信任，对于领导者个人、他们的下属、他们所服务的组织都有极大的好处。高期望非常重要。

> 在我们激励人心之前，我们必须信任别人，还有我们自己。

我们头脑里所拥有的想法和信念是无形的，它们不可能像生产线上进去的原材料所生产出来的产品那样可以被称重和测量。但是不管看不看得见，能不能被测量，它们对于我们周围的人都有巨大的影响。模范的领导者们知道这一点，而且还知道如何自觉地在头脑中拥有对自己和其他人的高期望。

认识到人们是能够按高期望去行动的，也有了明确的标准，领导者就必须留意周围所发生的事情，以便及时找到可以进行认可的例子。在下一章里，我们将看一看真正地留意周围将意味着什么。

> ➡ **对期望最好的结果的思考**
>
> ✓ 诚实地评定一下,你对你所领导的人的期望如何?高?中?低?
> ✓ 想一想你所领导的绩效比较低的人。你的期望如何影响他们的绩效?你可以识别出哪些行为是导致令人失望的绩效的因素?
> ✓ 想一想你所领导的绩效比较高的人。你的期望如何影响他们的绩效?你可以识别出哪些行为是促成高绩效的因素?
> ✓ 这个评价告诉了你什么?
> ✓ 你现在头脑中对于将来的设想是什么?你可以谈谈它们是非常积极的还是非常消极的吗?
> ✓ 你现在是如何表达对未来的设想的?它们是如何影响人们的?
> ✓ 你对于你所领导的人是否能够学会他们的工作所需要的能力持什么样的观点?这些能力可以通过后天的努力获得,还是绝大多数都是天生的?
> ✓ 现在,你如何表达对别人的积极的期望?

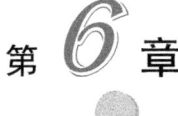

第6章

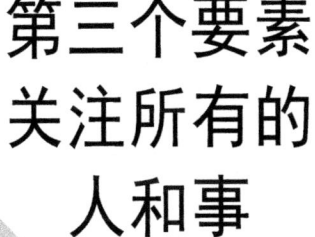

第三个要素
关注所有的
人和事

富有创造性的领导者善于寻找站在别人的立场考虑问题的方法并且常常问自己:"如果我是这个人,我会有什么感受和需求?"
——盖伊·亨德里克,《公司的秘诀》

领导者们总是在外面四处走动。他们待在自己办公室里的时间不多,工作的需要使他们总是到处走动。他们要出席会议,要拜访客户,要巡视工厂车间或服务中心,要不预先通知地拜访实验室,要在社团聚会上做陈述,要在当地的大学做招募工作,要主持圆桌讨论会,要对分析家讲话或者顺便访问一下员工的阅览室,向他们打个招呼。领导者的天职就是要四处走动,且走动的范围随着权力而变化。实际上,它的词根"领导"(lead)来自古英语的一个表示"走、行进、指导"的单词。

上述的四处走动中没有一个是没有目的的。领导并不是在公园里四处闲逛,领导者到那里去都是有原因的。我们认为其中的一个原因就是要表明他们是关心人的。回忆一下第2章里麦伦把它叫作CBWA——走动关心。表明你关心人的一种方式就是对人的关注,关注他们正在做些什么,关注他们的感觉如何。如果你清楚你正在寻找的行为的标准,并且期望人们能够像成功者那样去完成任务,那么你就会注意到大量人们正确地做事及做正确事的例子。

关注意味着真正地全身心地感兴趣。还记得在NATD这个案例里麦伦是如何看到凯利将金属部件放到冰箱里去的吗?他在那里,通过走动表示关心,而他留意到了这件事情。但是仅仅是留意并不能够激励人心,因此他走向凯利并且开始问他一些问题。他显示出了对凯利的兴趣。他想了解更多的东西,不是因为他想检查凯利,而是因为他感兴趣。

第 6 章

第三个要素　关注所有的人和事

在我们进行领导力研究的这些年里，我们已经注意到了一些事情。绝大多数人乐意谈论他们自己，尤其是乐意谈论他们曾经做过的最棒的事情。但是除非你对它感兴趣，除非你在寻找它，除非你关注，否则你不可能认识到它。你的兴趣表明你关心人。

现在，我们并没有看到有多少领导日常的四处走动是为了寻找这样的事例。事实上，大部分的领导者出去并不是为了这个目的。你也不必在你的日常计划中特意写上"出去寻找行为表现与我们的价值观和目标相一致的人，这样就可以在每周例会上奖赏和认可他们"。如果你真的这样做那可是太棒了，因为麦伦就找到了。问题的关键在于无论你是在什么时间、什么地方四处走动，你必须真正地去关注人，并且积极地寻找正面的例子。

> 无论你是在什么时间、什么地方四处走动，你必须真正地去关注人，并且积极地寻找正面的例子。

丢弃闪光的徽章

哈里·布雷西（Hyler Bracey）在他的著作《从心开始管理》（Managing from the Heart）中讲述了位于美国南部的一家炼油厂的管理者哈里·哈特韦尔的故事。这个炼油厂就是他的生命。哈特韦尔每天都会在炼油厂四处走动，检查各项工作。当他到来的时候，交谈会停止，人们会加快工作的速度，他们会真正地将注意力集中在工作上。对哈特韦尔而言，检查是保证生产的积极性持续高涨和及时发现问题的一个有效方式。

但是，有一些事情还是发生了。正如作者所说的："哈特韦尔为他的下一次检查勾画了一幅场景：他穿着西部牛仔服骑在马上，衬衫上佩戴着一枚银质徽章开始了他的检查……"他把自己看作边境线上的执法者。但是对哈特韦尔而言，这个执法者的形象并

不有趣，事实上，它令人疲乏不堪。这个佩戴着闪光徽章的执法者生涯并不是那么令人愉快，有一次他的心脏病发作了。

哈特韦尔的故事是虚构的，最终有一个令人愉快的结局。但是作者通过这个故事说明了一个重要的问题：把自己看作一个正在维护正义的法律实施者最终无益于身体健康，也不能带来良好的绩效。但许多人正是这样看待管理者的。

正如我们在上一章里所看到的，我们如何看待自己和别人影响着我们的行为，我们的行为又影响着别人的行为。设想一下，如果你把自己看作一个佩戴着闪光的锡制徽章的边境线上的执法者时，会出现什么样的行为。这个形象所产生的结果可能是检查、控制、检验别人、对别人所做的事情挑错，并且找他们的麻烦。

在一个组织里，如果管理者总是在留心观察问题将发生什么？三件事情。第一，他们会得到对现实的歪曲的景象；第二，随着时间的流逝，产量会下降；第三，管理者的个人信任度会降到最低。

把你自己放在工人的位置上，如果你知道有人要来检查，你会有什么行为？一旦你发现老板来了，你就会伪装出最好的行为。事实上，当我们想伪装出最好的表现时，可能适得其反。为什么？因为我们变得不安并且神经紧张，当我们不安并且神经紧张的时候，我们反而会出差错。一个带着一双寻找麻烦的眼睛四处走动的管理者带来的可能是更多的麻烦。

当我们知道有人会来寻找问题的时候，我们会更倾向于隐藏问题而不是暴露问题——正好和所期待的相反。那些为控制型的管理者工作的人可能对信息秘而不宣，不显示出真实情况，对正在发生的事情不诚实。这是可以理解的，他们知道讲真话不会带来好处。

这就是为什么控制型的领导者的信任度低的原因。仔细想想看，为什么那些显示出较高控制行为的人——检查、惩戒、审核、

第三个要素　关注所有的人和事

监视、在工作还没有完成之前就想看到结果——的个人信任度低？因为这些行为是管理者不信任你的信号。如果他信任你,他就不需要检验核对你或批准每个提议。你对于一个不信任你的人会如何反应？你不会信任他。由于可信赖性是个人信任度的一个关键成分,信任度减小了,我们也就不可能去信任一个表示出不信任我们的人。

因此,当我们在组织里四处走动的时候,我们首先要做的一件事就是丢弃那个闪光的徽章,替换上我们的皮革马列翁的眼镜,并且期望找到最好的人或事。

释放积极性

人类的本性是当感觉到有人正在盯着我们找错的时候,我们的表现会和在一个我们知道如果做出特殊成就就有机会得到奖赏的支持性的环境里的表现非常不同。如果我们知道有人正在寻找正面的例子,我们就会努力展示它们。正确的事情就在那里等着别人去注意。

如果你把自己看作一个关心人的领导者,你的行为就会和你把自己看作一个控制者的行为不一样。当你看到别人成功的时候,你表现出喜悦,你向别人欢呼,你提供支持性的训练,而不是一个出来在周围巡逻的好战的权威人物。

当你扮演关心人的领导者的角色时,人们很快就开始和你用不一样的方式来相处。他们会得到这样的信息：你出来不是为了让他们的心情烦乱紧张,你是在寻找完全相反的东西。在这种环境下,人们变得无拘无束,再也不会恐惧地看着你沿着过道走来。

如果人们知道在他们中有一位关心他们的领导者,在组织里巡逻以便寻找到成就来庆贺,只有一件事情顺理成章,就是他们会被激励着来向你展示你可给予荣誉和庆贺的事情。他们放松了,

并且想贡献出自己最好的一面。这种积极性集中在行为和绩效上，和目标及价值观相连，使得组织朝向更高的绩效水平和生产力发展，使得士气显著地提高。

在一种支持性的氛围里，人们也会更加互相帮助来获得成功。他们互相传授和训练——对生产力的又一种推进，而且，在这种开放的环境里，人们更可能让你在问题尚处于酝酿阶段就知道问题所在，并且在问题加剧之前就帮助你解决它们。

当我们请时任西澳大利亚 Houghton 葡萄酒酿造厂总经理的艾弗里来描述一下他个人的最佳领导经验的时候，他告诉我们的其中一件事情是这样的："比如说，当我看到在商品营销方面正在发生很棒的事情，我会告诉他们：'做得对，继续！'当我听说在生产方面的一个新进展，我会进入车间里告诉他们：'太妙了！'如果他们在工作的时候想出了一个更好的办法，我会找到那些对此有贡献的人，并且让他们知道我对他们的辛苦工作是多么感激和欣赏。"这就是关心人的领导者所做的，这也是为什么对艾弗里而言，是他个人的最佳领导经验的一个原因。

把别人放在第一位

关注要求你把别人放在第一位。博伊尔（Gregory Boyer）最近的一项研究证实了最佳的领导者总是将别人放在万物的中心。在一个具有高度竞争性、迅速变化的环境中，关心人和有欣赏力的、懂得感激的领导者是那些笃定会赢得长期成功的人。

如同前面所提到的，为了使个人的和组织的价值观相融合，我们已经在国有的和私营的企业里对管理者的价值观和战略进行了 20 多年的系统研究。我们起初的目的是对管理层的价值观进行广泛的研究，因为在组织生命里，这是一股强大的力量。价值观是我们性格的核心，影响着我们所做出的决定、我们所信任的人、

第三个要素　关注所有的人和事

我们所做出的反应，以及我们如何花费时间和精力。

我们的研究清楚地表明，从我们 1980 年所做的第一次研究以来，管理层的一些重要的价值观发生了转变。三种价值观和我们在这里要讨论的最具有相关性。我们注意到，和 1980 年相比，乐于合作的价值观日益受到强调，注意力已经从自我转移到了别人，而且家庭和家族的利益正受到更多的关注。与此同时，管理层的价值观宣言中一直将消费者视作关键的利益相关者。

注意第一名——20 世纪 80 年代的颂歌，已经不再是理性的管理者们所思考的了。现在，更多的注意力被投放在更多人身上，而不是直接放在个别人的需要上。这一点在下一代的管理者身上也会是正确的吗？那些被称作 X 代的管理者又是如何看待这个问题的呢？我们被最近由公众同盟（Public Allies）对美国的年轻人（18～30 岁）进行的民意调查所激励。调查显示，年轻人在问题解决方面具有乐于合作的观念（在决策制定和前进方面分享责任），并且有一个很强大的信念，认为不论人们的职位或者权力如何，领导力都可以在社会上的普通人身上找到。年轻人还说，普通人有资源和实践知识来解决社会里的绝大多数问题，而不需要依赖专家们来解决。这些年轻人说，最重要的领导力品质是

> 最重要的领导力品质是"能够站在别人的角度来考虑问题"。

"能够站在别人的角度来考虑问题"。他们是对的，因为如果我们要打造信任，那么把注意力放在别人身上就是所需要的前提。

用你的双眼和心来倾听

把别人放在第一位的核心就是要站在别人的位置上。学习从另一个人的观点理解和看待事情对于建立信任的关系和职业生涯的成功都是绝对至关重要的。比如，来自创新领导力中心（Center for Creative Leadership）的研究表明，主管人员由于对别人的观

点不敏感和不能够理解而导致工作脱离了原来的轨道。他们低估了别人的贡献，让别人感觉不舒服。他们拙劣地去听，专横傲慢地行事，宠信亲信，不能够给予——有时候甚至是分享——别人信任。随着时间的流逝，这一切最终将给他们带来不良的后果。当这些领导者们真正需要周围人的帮助时，他们只剩下自己可以依靠了，他们被忽视、被孤立，有时甚至会遭到故意捣乱。

倾听是一项至关重要的领导技能，但并非只是一种简简单单的听。

就在不久之前，我们参加了为位于加利福尼亚的 Menlo 公园的一个非营利机构举行的年度募捐早餐。早餐会上的演讲者是迈克尔·珀瑞查德，他晚上是一位著名的喜剧演员，白天是旧金山的一位见习官。他喜欢孩子，他喜欢给人们带来欢笑。

> 珀瑞查德讲述了一个我们永远都不会忘记的故事。有一次他参观一所小学，和一个三年级的学生进行了交谈。他问她一直在学习什么，她说是手语。
>
> 和我们一样，珀瑞查德对她的回答很感兴趣。手语？通常，孩子们在三年级是不会学习手语的。因此珀瑞查德就问她为什么要学习手语。
>
> 这个小姑娘解释说，她一年级最好的朋友既不能说也不能听，她就问妈妈可不可以学习手语以便和她的这位小学里的朋友交流。她的妈妈说可以，并且每天开车带女儿去学习手语课。
>
> "现在，"这个小姑娘说，"我用我的双眼和心去听，再也不只是我的双耳和大脑了。"哇！这是多么好的一课啊！

所有的领导者都应向这位小学三年级的学生学习。用我们的双眼和心去听，而不仅仅是双耳和大脑，需要更深水平的关注；需要我们是为了理解而去听，而不是单纯地去听那些单词；需要

第三个要素　关注所有的人和事

我们听到心灵，看到灵魂。这才是能够真正创造出激励人心的能力的唯一的一种听的形式。

西部后备军大学（Case Western Reserve University）的苏史·斯瑞发斯塔和弗兰克·巴雷特（Frank Barrett）教授在他们关于管理的整合的著作里强调了倾听这一点。他们写道："交流的内容并不是重心，重心是被理解和听取的体验，它不仅证实一个人看待世界的方法是正确的，而且能够使人开始解除一些自我保护，因为对于肯定的体验增加了一个人肯定别人的能力。"这似乎是基本的，倾听并非是通用的。海集团（Hay Group）研究了2 000多个组织的100万名员工，研究结果表明，每3个人中仅有大约一个人认为他们的组织能很好地听取他们的意见。

用双眼和心的倾听不可能远距离地进行，看看报告或听取第二手的资料。我们的下属想要知道我们是谁，我们的感觉如何及我们是否真正关心他们。他们想看到现实中的我们。接近度是预测两个人是否会互相说话的最好预测值，如果你准备交流的话，你必须要接近人。因为我们的绝大多数下属不会来找我们，我们就必须要走近他们。这意味着领导者要定期到办公室的走廊和生产车间去；常常和小团体会面；走出去经常拜访合作者、主要供应商和消费者。甚至还可能意味着如果你的很大一部分员工或消费者说另一种语言的话，你就要学习该语言。

在珀瑞查德的那个小学三年级女孩的故事里很感人的是，她学习另一个人的语言是为了加强她们之间的关系。你可能说："那是因为她不得不这么做，如果她想成为她的朋友的话。"正是这样！如果她希望成为别人的朋友她就不得不学习手语。学习另一个人的语言，不论从哪个层面上讲，对于关心人的领导都是绝对必要的。只有通过学习他们所重视的，他们所欣赏的和珍爱的，才可能期望触及他们的内心。

当你四处走动去关注积极的例子时，你具有很高的可见度，

同时,你也使别人了解了你。当你在了解他们的时候,他们也在了解你。对于一个你了解的人和一个你不了解的人,你会更信任哪个?

每当我们向人们问这个问题的时候,普遍的回答是"我了解的那个人"。当然,可能你会不信任一些你了解的人,但是,一般而言,我们对于朋友比对于陌生人更加可能给予信任。因此,积极地感激、欣赏别人的一个附带的好处就是这样会增加他们对你的信任。随着我们的劳动力日益全球化和多样化,这种彼此信任的关系比以前更加至关重要。如果别人知道我们确实真诚地关心他们,他们就更可能关心我们。这就是我们如何来填补文化鸿沟的方法。

逗留一下

> 霍尼维尔测量所(Honeywell-Measurex)的人力资源主管卡法(Gretchen Kaffer)了解了倾听的价值,并且在她的部门最近经历的一次改组中实际展示了出来。过去,她在午餐时间和同事们在自助餐厅里或室外就餐处聊天,但是她常常太忙了。随着改组,卡法的团队搬入了一座粉刷一新的大楼里,有了一个宽敞的崭新的可以让四五个人舒舒服服地聚在一起的休息室。卡法开始注意到,自从搬迁之后,人们更愿意逗留在休息室里吃午餐。因此她决定和她的同事们一起吃午餐,并将此固定在每天的日程安排上。
>
> 她报告说:"在最初的几次,当我突然出现的时候,每个人都看着我,好像我是来问谁和工作有关的问题。他们对于我和他们一起吃午餐感到很吃惊。我想可能有些人原认为我不愿意和他们在一起,因为我已经有很久不那么做了。"

第三个要素　关注所有的人和事

卡法希望知道她的同事们身上发生的事情。她喜欢"敏感，并且用一种我认为他们最能够接受的方式来接近他们"。她以前的缺席导致她和同事们的距离，但是，没过多久她就搞清楚了那些所有被她错过的同事们的事情。

"这也同样开始了一些关于工作及工作以外的交谈，"她说："它也真正地让我们能够详细商讨一些通常在这么大的一个群体里我们无法讨论的一些变化和程序，因为即使在一个两三人的群体里，我们也很少能够有时间来讨论。我想这使得我的同事们能够知道我正在做什么，它给了他们机会来问我问题，提出建议，告诉我那些当我关在办公室里的时候被我错过的不是那么重要但是有趣并且可能是生动的故事、员工关系和交互作用。"

这个被他们叫作"午餐俱乐部"的行为还有另一个好处。"其他部门的员工常常被我们在休息室突然爆发的笑声所吸引。他们路过时特意来看我们，有时候问我们是否正在举行聚会。我们常常邀请他们加入我们……我想这一定提升了我们作为一个团队的形象，让我们更出名，让我们和大楼里的其他员工有了更多的接触。"

因为大伙儿已经习惯了卡法和他们一起逗留一会儿，现在他们盼着看到她。"在12点或12点一刻的时候，通常都会有人在我的门口问我是否正在为'午餐俱乐部'做准备。"

不论是加入午餐俱乐部还是走到生产车间去，出席聚会并且关注别人所关心的事，以及别人的成就，都使得领导者能够收集到重要的信息。一些信息对于解决问题有价值，还有一些对于认可贡献有价值。卡法的事例表明，你必须在那里收集信息。有一点很有趣：当你开始和人们一起逗留并且他们知道你对他们感兴趣的时候，他们想见到你。其他人看到了，也会想加入进来。人

们乐意到那些带给人们快乐的地方去，即使在工作中。

成为朋友并且开诚布公

管理神话说我们不能太接近我们的同事。在工作中我们不能和人们成为朋友。把这个神话放到一边去吧。宾夕法尼亚大学沃顿商学院的简恩（Karen Jehn）教授和明尼苏达大学卡尔森管理学院的沙贺（Pri Pradhan Shah）教授进行了五年的研究，来观察由朋友组成的群体和由相识的人——人们相互之间并不熟悉和了解——组成的群体在两种不同的情境里完成模型制作和决策制定任务。在一种情境里，群体要制作出白铁玩具（Tinkertoy）的模型。在另一种情境里，他们要根据给定的标准为 MBA 学生评定等级。群体所做的决策要和真正的管理委员会的决策比较。"结果是毫不含糊的，"简恩和沙贺报告说："由朋友组成的群体平均制造出了 9 个白铁玩具的模型，相比而言，由相识的人组成的群体平均制造出了 2.45 个白铁玩具的模型。至于决策制定，如果管理委员会的决策是 5 个，朋友组能与之相符的是 3.1 个，而相识组是 2.44 个。"

但是，简恩和沙贺在解释他们的研究结果的时候提出了一个重要的条件。他们发现朋友必须要非常致力于群体的目标，如果不是这样的，那么，朋友组做得未必好一些。这正是为什么我们在前面提到领导者必须树立明确的标准，并且要为共享的目标和价值观创设条件。当涉及绩效的时候，对标准的信奉和人们之间的良好关系就一起起作用了。

也有充分的证据表明，我们在听取被我们视作朋友的人的意见——关心我们的人——的时候会比听取一个只是工作上的同事的时候更加专心。朋友和家庭通常是我们获取关于卫生保健、饭店好坏、到哪里去度假或该买哪款新车等信息最重要的来源。同

第三个要素　关注所有的人和事

样，那些四处走动、让别人对他们更加了解的领导者比起那些不这么做的领导者，会更有可能被当作"家庭"成员来接受。

人们更愿意追随他们喜欢和信任的人。为了得到充分的信任，我们必须对别人开诚布公，经常和别人在一起。一扇打开的门表示乐意让别人进来，开放的心灵同样也是，它意味着会暴露你自己的事情。我们并不是指类似耸人听闻的小报那样的曝光，那会让现代的领导者们困窘。我们的意思是要公开地谈论你的希望和梦想，你的家庭和朋友，你的兴趣和爱好。我们鼓励你告诉别人那些你想了解的关于他们的同样的事情。

当我们开放自己的时候，我们可能容易受到伤害，但是这种易受伤害性使我们更加富有人性，并且更加值得信任。如果在人与人的关系里没有一方肯冒信任的风险，哪怕一点点，这种关系将只能保持在低水平的小心和猜疑的层次上。如果领导者们想要获得来自信任和合作的更高水平的绩效，那么，在他们要求被别人信任之前，他们必须展示出对别人的信任。在涉及信任的时候，领导者要先付出。

暴露关于自己的信息可能有危险。我们不能确信别人是否会喜欢我们、欣赏我们的坦白直率、同意我们的雄心壮志、赞同我们的计划或按照我们想要的方式理解我们的语言和行动。但是通过展示愿意冒这样风险的意愿，领导者们鼓励别人也有相同的举动。一旦领导者们承担了开放自己的风险，别人更可能冒同样的风险，而这就会迈出建立人际信任的必需的第一步。

暴露关于你自己的信息是开诚布公的一种途径。寻找建设性的反馈是另一种形式——不仅仅是给别人反馈，而且要寻找对你自己的反馈。当你四处走动加入正在发生的事情时，注意到了人们正在做出的有积极贡献的事情，停下来问他们的反馈。这是你欣赏和感激他们的一种表示。通过对有影响的人的开诚布公，领

导者们鼓励人们提供更多的信息。

"我做得怎么样？"起初看起来似乎不应该是一个领导者询问的，但是它的确是最佳领导者们的习惯。恳求反馈是表示欣赏和感激的另一面。认可别人的贡献是你赠予别人的礼物，反馈是他们赠予你的礼物，它是一种能够使你成长和提高的信息礼物。

寻找然后你就会发现

当你真正关注的时候——当你充满兴趣的时候，当你寻找最优秀的人和事的时候，当你把别人放在第一位的时候，当你用心去倾听的时候，当你逗留的时候，当你开诚布公地和别人在一起的时候，你就会发现你要寻找的东西。你就会注意到人们所做出的朝向和超过所树立的标准的各种事例，你就会发现大量认可别人所做出的贡献的机会。

▶ 对关注所有的人和事的思考

- ✓ 你通过四处走动来表现对人的关心的频率如何？
- ✓ 你如何表现出你的兴趣？
- ✓ 当你四处走动的时候，你注意什么？你留意到了什么？
- ✓ 你可以说出你常常发现的是积极还是消极的例子吗？
- ✓ 你的行为可以在多大程度上表明："我到这里来寻找做正确的事和正确地做事的人？"
- ✓ 你的行为在多大程度上表明"我是来核对检验你们的"或"我是来寻找问题的"？
- ✓ 明确地讲，你是如何关注积极性的？

第 6 章

第三个要素　关注所有的人和事

- ✓ 你为了倾听使用了什么样的讨论会？
- ✓ 你的同事对你的了解有多少？你告诉他们多少关于你的希望、梦想、欢乐、爱好及生活？
- ✓ 你对于他们的希望和梦想知道多少？
- ✓ 有多少同事在介绍你的时候会用"我的朋友"这个词？
- ✓ 你如何寻找反馈？
- ✓ 现在，在你的组织里，谁是已经树立起来的标准方面的典范？
- ✓ 你最近的一次对那个人——或任何一个人——谈论起他的工作是在什么时候？
- ✓ 你最近的一次认可一个人的行为是在什么时候？

The Third Essential: Pay Attention

 读书笔记

第7章

第四个要素
使认可个人化

我发现当我对团队的工作进行个人化的认可时，我在这个过程中变成了一位更容易移情、有更多参与感的领导者。

——克莱尔·詹金斯，大视野公司

不久前,我们的同事史蒂夫·法伯收到了一封感谢信。作为一名非常有造诣的训练师,他收到过大量的感谢信,但是这一封很特别。

这封感谢信与众不同的第一点是它是写给史蒂夫的,但收信人是史蒂夫的儿子。下面一字不差地摘录了这封信。

给史蒂夫的儿子:

  我理解当你的父亲因为工作的关系而离开家的时候,你对他在做些什么很感兴趣。我敢打赌,因为你希望父亲能有更多时间待在家里,所以当他不在家的时候,你有时会觉得很糟糕。作为他在过去的一周里的一名学生,我想你可能希望知道他在教我们这个班的时候都在哪些方面帮助了我和班里的其他人。

  你父亲在企业如何运作,以及如何使它们运作得更好方面有许多非常有价值的知识。更重要的是,他帮助人们生活得更好、更快乐。他用一种非常有趣的方法把所有的这些教给我们,因此,我们和他在一起的时候真的很快乐。

  我只是想让你知道我们很感激你让我们一起分享了他的这一周,如果他做父亲方面也像做老师那样优秀或有趣,那你就拥有一位杰出的父亲了。

卡尔·英格里希
你父亲的一名学生

第7章 第四个要素 使认可个人化

这封简单的感谢信是如何将非常普通的事情转变成独一无二的事情的极好例子。英格里希，一位副总裁，将他的认可个人化了。他完全可以买一张事先印刷好的致谢卡，在里面例行公事地给法伯写上一些他在班里是多么快乐之类的官样文章，但他没有这样做。

英格里希关注了。他花时间了解到法伯有一个儿子，他对于父亲在工作时都做了什么感兴趣。他写了这封短信给这个儿子，赞扬他父亲所做的典范性的工作。这个额外的努力——这项工作所有的花费——使得这封短信受到了法伯的珍视，并且乐意和别人一起分享。法伯说："它非常重要。我热爱工作达到了那种程度，特别是在那些我情愿待在家里而不愿意在路上或其他什么地方的时候，我想到了这封短信。它提醒我为什么我每天都要去工作。"

当法伯和英格里希所在公司的人一起分享这封短信的时候，没有人觉得诧异。英格里希以写给别人有针对性的短信而著名。如果你真正关心别人，你就会关注他们。你会发现一些值得说的特别的事情。这很简单，这会成为一种习惯。即使这是英格里希所写的第一百封或第一千封短信，对于法伯来说，它也是很特别的，因为它是关于他和他儿子的。

所以，谁说公事不能私人化？只要你想让它那样，公事就会是私事。

认可如果不是个人化的就可能有负面影响

为了真正地认可一个人，让她被你的努力所激励，你必须要了解她是谁——她的一些喜好和厌恶，她是喜欢在公众面前的认可还是会逃避这样做，甚至她愿意还是不愿意得到好评。我们在上一章里学习了这一点。不能成功地了解别人可能使一次认可行动没有任何意义，实际上，它甚至有负面影响。

另一位同事丽贝卡·摩根——一位作家、演讲家，也是位于加利福尼亚圣何塞的摩根研究集团（Morgan Seminar Group）的善于经营的合伙人，给我们讲述了一个出于善意的认可行动却产生了意外后果的令人痛苦的故事。

摩根是一个喜欢"要么是和我面对面的，要么是在对我很重要的群体面前"获得认可的人，"那是真诚的，表明欣赏和感激，直接针对我的特殊贡献及它们对于（所从事的）事业的影响"。遗憾的是，在她叙述给我们的这个个案里，这一切并没有发生。

> 一家专业协会的会长有一次在全体会议结束的时候将我和少数几个志愿者叫到台前，我在该次会议中担任了后勤主任。我期待着或许会说几句关于我在两年的会议筹备期间所做的工作。为了这个会议，我自己花钱做了两次跨国飞行；我投入了几百个小时；我招募并且培训了100名志愿者。
>
> 相反，他说了我永远也不会忘记的两句话："丽贝卡做的是很琐碎的事情。如果有一件事情没有人愿意去做的话，我们知道丽贝卡会愿意做。"我目瞪口呆，好像遭到一拳重击，感到快要被压垮了。听起来好像我只是整理了一些包裹，或做了一些复印工作。我几乎听不到我的1600名同事站起来给予我的热烈而持久的掌声。我走下台去，快步离开那个会议室。我哭了一小时。他的用意是好的，只是直到我们站在台前的时候都没有考虑好怎么说。现在，我知道当我答谢一个人的时候，我需要清楚："我该如何措辞，使这个人觉得受到了尊敬，而不是被贬低了？"

受到尊敬而非被贬低，这是我们所有的人都想要的感觉。我们只有在了解她是谁，她喜欢什么，以及她做了什么的情况下才可能真诚地给予一个人荣誉。我们必须要把这个人挂在心上。刚

第7章

第四个要素 使认可个人化

才,我要给史蒂夫荣誉,我该如何让这成为是特意为他安排的呢?现在,我要给丽贝卡荣誉,我可以做些什么让它特意"针对"她呢?仅仅了解是不够的,我们必须要表达出我们的了解。

 了解他们所喜欢的

优势商务解决方案公司(Advantage Business Solutions)的总裁大卫·博尼勒也是一位大学主管,他向我们讲述了另一个故事,使这一点更加让人理解。博尼勒的妻子离开了她在当地一所教堂的行政秘书的工作。在一个周日早晨的礼拜中,全体工作人员为了认可她17年来为大家所做的服务性工作,赠送给她一套银制的镶嵌珠宝的餐具。虽然从某个方面来看,这份礼物非常慷慨大方,却远没有达到给予有意义的认可的目的,因为没有人问过博尼勒或他的妻子她喜欢什么。非常凑巧的是她从来就不喜欢银器!

博尼勒告诉我们:"她没有受到强烈的感动或觉得被欣赏了,反而感到被大大地忽视了,感到沮丧,充满愤恨。因此这个故事的寓意,"他继续说:"强化了一个我在某个地方曾经听说过的一个观念。一个管理者应该问员工他们喜欢被如何认可。我们所有的人都被不同的动机所驱使——有些有微小的区别,有些有巨大的不同。"

当我们在做研究时,博尼勒的故事触发了一场就此问题和我们交换意见的一个在线聊天小组里的激烈的辩论。大部分人认为在给予之前先询问是非常恰当的,但是有人认为在给予之前先询问会破坏并且导致失去惊喜感。

在这个问题上我们让你自己做决定,但是对于我们来说,博尼勒的经验看上去是合理的。如果你确实不知道,问人们他们会乐意收到什么要比出于慷慨的表示却招致愤恨好一些。一个四处走动、定期观察巡视的领导者是可以通过朋友、同事、家庭成员

及直接观察了解一个人的喜好和厌恶的。大多数的时候，没有必要直接询问接受者。难道，在你为家中特别的日子做好准备的时候，你还没有仔细地探究你的家庭成员愿意收到什么？是什么阻碍你在工作中对同事也这样呢？

WBT 系统公司的咨询和教育部主管迈克在我们的聊天小组里这样表述："一个好的管理者不需要询问员工他想要什么类型的认可。一个好的管理者了解他的员工的喜好和兴趣，因为一个好的管理者知道表示出兴趣是认可的第一也是最重要的形式。一个好的管理者同样从许多小的、不经意的行动中了解什么认可会对每个员工起作用。"

个人化与文化性

关键通信公司（Key Communication）的安妮提醒了我们所有的人另一个为什么个人化的或者我们应该说"文化性"（Culturalize）的认可很重要的原因。她报告说："我有一个客户，在亚洲出生，12岁的时候来到这个国家，对于美国的环境已经适应得非常好了。但是，当他的老板为了奖赏他为一个团队项目所做出的非凡的贡献而给了他一间令人愉快的在拐角的办公室时，他很反感。他感到这破坏了团队工作的感受，以及他和他的团队成员将来的关系。"

安妮说："文化价值观延伸得很深远。"她绝对是正确的。个人化是指对另一个人了解很深，以至于你要从个性或文化性上了解什么是合适的。如果一个人认为他是领导者，他不用劳神去打听或观察就自然知道对别人来说什么是合适的，那也就太傲慢自大了。

第7章

第四个要素　使认可个人化

> 吉姆接受过的最富有意义的感谢之一来自一位日本同事沃特。沃特想来拜访一次，讨论他自己在日本的关于领导力的研究，并且想聊一聊他的研究结果，和我们的工作比较一下。他在吉姆的办公室里拜访了他。会见开始了，按照传统惯例，彼此要交换礼物。沃特从他的公文包里取出了一个小小的礼物——一张漂亮的卡片上贴着他的妻子手工制作的复杂精细而色彩绚丽的和服。然后他给吉姆送了另一个礼物——由他的母亲手工纺织的精心设计的传统的日本围巾。沃特说当他的母亲听说他要来这里的时候，她也想表达一下心意，因此她为吉姆的妻子制作了这条围巾。

这件事情发生在我们写这本书期间，它说明文化和个人化在对别人表示感激和欣赏中是多么重要。沃特和他全家都涉入了这次拜访活动，这在日本是非常传统的做法。他们为仅有片刻的认可花费了数小时的个人劳动和心思。这次拜访、这个人和这个家庭永远都不会被忘记。那个手工制作的围巾和卡片永远在提醒卷入另一个人的生活的力量，以及展示出文化特征的一种方式。

花些时间去考虑

"考虑"所传递出来的是细心体贴：你花费了多少精力去考虑另一个人及什么使得认可是专门针对这个人的。它意味着要观察一个人并且询问："什么对此人来说是特别的而且是独一无二的？如何使得它成为一次令人难忘、令人愉快的体验？我可以做些什么以确保他永远也不会忘记他对我们的意义有多大？我可以做些什么以确保他永远记得他的贡献有多重要？"

这种细心体贴在我们以前的一个研究生班尼特（Karen Bennett）告诉我们的故事里体现得很明显。她是一家独特的创业公司格伦山谷住宅（Glenn Valley Homes）公司的创始人的妻子。

该公司位于萨克拉曼多（Sacramento，加利福尼亚州首府）北部的一座小镇奥兰多，生产计算机设计的、精工制作的而且是专门定制的住宅。

由于这家公司的创业启动非常成功，新的制造厂积压了大量的住宅订单。总裁班尼特需要一个非常熟练的负责生产的经理来应对他们所面对的非凡挑战。他从候选人才库里选中了雷·佛里，他是一个在这一行里有15年经验的老手。佛里精力充沛，但是他的才能和专业技能在以前的工作中并没有得到充分利用。虽然他很清楚时间和财务压力都是巨大的，但是他非常渴望得到这个展示他在建立和管理一家制造厂方面的技术和能力的机会。班尼特信任佛里并且授予他领导全体工作人员的充分职责。

班尼特对佛里的信任适得其所。在经过了几个每周工作六天或七天的星期之后，他们已经准备就绪，可以开始有秩序地生产了。制造厂具有当时的尖端技术水平，以前不熟练的一帮人受到了很好的培训，佛里亲自设计和安装了在遇有不测时可以增加产量的设备。在开始生产的头三天就成功地完成了对第一所住宅的切割、上胶和运送。下面是班尼特讲述的他为了让佛里知道他的努力是多么重要而所做的一切。

为了感谢佛里的非凡成就，在一次总裁的烤烧野餐聚会上，班尼特把一群人叫到制造厂边并请佛里演示一下他所发明的设备是如何工作的。当佛里抬起控制杆开动他亲自设计和建造的滑轮传送带的时候，一个装着弹簧的杆意想不到地弹了出来，一面旗子打开了，上面缚着一个信封。佛里打开信封，发现了一张500美元的支票和一封班尼特所写的对他出色的工作表示感谢的信。接着班尼特当着这群人的面把信大声地念了出来，感谢佛里的创造力和努力工作在及时准备好生产区以满足第一批大量到来的住宅订单方面的重要性。佛里显然被班

第 7 章

第四个要素 使认可个人化

尼特在公众面前的欣赏和感激感动了，佛里的同事和工作人员的掌声和欢呼很明显地表明他们对他获得奖赏的支持。

班尼特显然在这次认可上花了一些心思。就像我们在前面的个案里的麦伦一样，他仔细地观察了佛里为这家制造厂的成功所做出的贡献，而他居然使用了佛里亲自建造的设备作为庆贺的一部分。班尼特接着还大声地念出了他写给佛里的短信，代表格伦山谷住宅公司讲述了他的创新性、贡献及不知疲倦的工作精神。一张支票常常也会有帮助，老板可以私底下递给员工一张支票而省略仪式的所有方面。但是班尼特不是这样的，他知道个人化的认可和当众讲述故事可以创造出更多的意义。

➤ 对使认可个人化的思考

- ✓ 你对每位关键人物——直接下属、你常接触的同事、关键的客户、重要的卖主了解多少？你知道什么能够真正带给他们荣誉吗？
- ✓ 你现在如何发现什么能够给予别人荣誉？你记工作日志吗？记在通信录上还是日常计划本上？
- ✓ 你最近为一次认可行动做的个人化的工作有哪些？不论是感谢信还是一份大礼物。
- ✓ 在你的员工里有多少种文化？你知道其中的每种文化表达感激、欣赏及认可的方法吗？
- ✓ 你最近做了什么来使认可具有"文化性"？
- ✓ 你在考虑应该做些什么使得一次认可行动对一个人来说特别有针对性而且独一无二？一般会花多少时间去考虑？这些时间够吗？

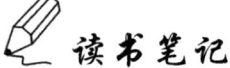 读书笔记

第8章

第五个要素
讲述故事

> 在这个新商业时代，每个管理者的职责都是理解快速变化的环境，讲故事成了最基本的领导工具。
>
> ——伊丽莎白·韦尔，作家

非常流行的呆伯特（Dilbert）的创始人亚当斯（Scott Adams）讲述了下面的关于他自己如何开始漫画家生活的故事。

> 为了成为有影响力的人，你没有必要成为一个"有势力的人"。实际上，在我的生活里最有影响力的人可能都不清楚他们所教给我的东西。
>
> 当我还在为成为一名报业辛迪加的漫画家而努力的时候，我把我的代表作选辑送给一个又一个的漫画编辑，然后接到一个又一个的回绝，甚至有一个编辑打电话给我说我应该去学学美术。后来，联合媒体（United Media）的编辑莎拉，她是这一行里的一位真正的专家，打电话给我答应为我提供一份合约。起初，我并不相信她，我问她我是不是必须要改变我的风格，需要一个搭档，或者学习怎么画画。她相信我已经优秀得足以成为一个全国性的报业辛迪加的漫画家。
>
> 她对我的信心完全改变了我的思维，改变了我是如何考虑自己的能力的。这听上去也许有些怪异，但是自从我放下电话的那一刻起，我可以画得比以前更好了。你可以看到在那次谈话之后我的漫画在质量方面有了显著的提高。

亚当斯的故事阐明了我们在前面已经描述和讨论过的第二个要素（期望最好的结果）：我们对别人能力的信任的积极影响。他的故事还阐明了激励人心的另一个要素，它向我们展示了讲述故

第8章

第五个要素　讲述故事

事作为一种说服方式的力量。亚当斯的故事使这条原则变得逼真起来；它让这条原则毋庸置疑。

故事就是事实

商业界——亚当斯所讽刺描写的这个领域——喜欢谈论数字。我们被淹没在财务决算、所得（损益）计算书、资产负债表和股票数据表里。数字是如此普遍，以至于我们开始把它们当作事实来接受。但是数字是事实的抽象，故事才是事实。

对亚当斯的读者而言，他们从漫画的四个长方形画面中得到的事实比他们中的大多数人从自己的公司里得到的要多。和呆伯特漫画的数量相比，你看见有多少公司的备忘录和报告被贴在小房间里？这是因为，正像他关于莎拉的真实的故事，亚当斯讲述了若干人工作生活中的"事实"故事，是许多人都曾经历或观察过的事实。实际上，亚当斯所描述的许多观点都来自他的读者。虽然在现实世界的公司里并没有呆伯特或长着非常尖耸头发的老板，但是亚当斯的描述还是反映了组织生活里玩世不恭的一面，这是一种许多人已经了解、看到、感受到或者涉及过的生活。

讲故事是我们从一代向另一代，从一种文化向另一种文化传递经验和教训的方式。过去是一种比喻，未来是一种神话。讲故事是最基本的沟通形式，比论据和数字都要普遍和有力，人们对故事的相信程度也比对数字要高。

"噢，继续，"你说："你一定是在开玩笑！你是说故事比实实在在的统计数据要更加让人相信？"是的，看起来的确是这种情形。首先让我们提供一些数据来说明这个问题，这看起来和我们刚才的观点有些相悖，但是让我们来看一看。

斯坦福大学的组织社会学家马丁（Joanne Martin）和鲍尔斯（Melanie Powers）研究了故事对MBA学生的影响，MBA学生

通常都是被数字所驱动、具有高度竞争性和喜好怀疑的听众。为了使学生们相信一家值得注意的公司真的采用一种政策避免了临时裁员,马丁和鲍尔斯比较了四种方法的说服力。在第一种情境中,马丁和鲍尔斯只是用一个故事来说服人们。在第二种情境中,他们展示了统计数据来表明该公司和它的竞争对手相比较,非自愿流动率显著较低。在第三种情境中,他们既使用了统计数字又讲了那个故事。在第四种情境中,他们请公司里的一位主管对该政策做了直截了当的综述。

你认为哪种方法最令 MBA 学生信服?①仅是故事;②仅是统计数据;③统计数据加故事;④政策综述。答案是,正如你可能已经预料到的,仅是故事。仅仅讲述了故事的那组学生比其他任何一组学生都更加相信所主张的该政策,而且在几个月之后,记忆得也更好。你可能已经猜测到了,由主管所做的政策综述是最不令人信服的。

富有声望的律师思朋斯(Gerry Spence)——顺便说一句,他从未输过一场刑事官司——说:"任何一场辩论的最有力的组成部分就是故事。"他接着阐述了他的论点:

> 讲故事是最开始的时候我们彼此提供知识的基本方法。在营火会上,部落里的人聚集在一起,小孩子们藏在大人的背后偷偷窥视,他们的眼睛瞪得就和铜钱一样大,听着,听着。老人用他粗哑的声音讲述着他的过去的故事,人们可以从故事里学习到一些东西——围攻和杀死老虎的办法、在遥远的山谷里搜寻大象的历险、这个老人在暴风雨里存活下来的经历。有爱的故事,有发现富有魔力的神水的故事,有对抗敌对的邻近部落的故事,所有人类的知识以故事的形式永世流传了下来。

思朋斯的叙述难道不是对他的论点的有力例证吗?将所要传

第五个要素 讲述故事

达的信息放在一个故事背景里使它看起来像真的一样。"是的,"我们说,"是的,这就是我们学习的方法。"

通过故事教育、动员并且激励

我们每天的每毫微秒都被淹没在零碎而繁多的信息里,我们怎么可能把它们都搞清楚而且记住它们哪怕是一点点呢?研究很清楚地表明,如果信息首先是以例子或故事的形式呈现的,那么就会更快而且更精确地被记忆。比如,研究已经发现,如果把美国历史的课本转换成像《时代》(Time)和《新闻周刊》(Newsweek)的讲故事的风格,学生能够回忆起来的信息量要比阅读一本典型的学校课本多三倍。

密歇根大学的商业教授威克(Karl E.Weick)研究了人们是如何理解在组织中天天发生的那些通常是复杂而相互矛盾的决策和事件的。什么事情人们易于理解?威克说:"答案是,那些似乎有理、逻辑一致、前后连贯的事情,那些合理而难忘的事情,那些体现了过去的经验和期望的事情,那些引起别人共鸣的事情,那些既可以被追述又可以被预言的事情,那些能够同时抓住感情和思想的事情,那些能够适应当前潮流的事情,那些解释起来有趣的事情。简言之,为了便于理解,前提条件是它必须是一个好故事。"

从1985年开始,科学家和研究员克莱因(Gary Klein)一直在研究和讲述人们如何在非常紧急的情况下做决策。他观察了那些在高风险、时间压力紧的环境中工作的专业人员,例如,消防员、急救护士、护理人员、飞行员(导航员)、核工厂操作员及作战计划制订者,这些人所做出的决策可能与生死息息相关。克莱因的结论之一公然违背了几乎在商业界被普遍接受的一个真理。他发现在紧急情境中,认为人们产生各种选择然后做出深思熟虑

决策的经典决策模型不起作用了。相反，人们采用了一种非线性的方法，包括直觉、心理模拟、隐喻、类推、故事和其他一些较少理性的手法——一些被我们大多数人称作"内部感觉"的方法。克莱因在介绍他的研究时说："我们所发现的获得知识的最有力的方法就是使用故事。"他相信讲故事是我们从高度复杂的、充满挑战的情境中获得经验教训的基本技能。

创建了拥有近 4 000 名员工、13 亿美元资产的 PPS 公司（Physician Sales and Service）的凯利（Patrick Kelly）是这样来阐明这一点的："我们从来没有政策指南手册。我们传递价值观的方式就是围坐在营火边分享故事。"为了向世界上其他地方传递这些价值观，他把它们都写进了一本名为《更快的公司》（*Faster Company*）的书里，他在书中说："现在我有一些东西要我的员工掌握，并且要说：'这就是我们对待彼此的方式。这就是我们对待消费者的方式。如果你理解了这个，你就可以在这里工作，我们都将取得非凡的成功。这就是我们的故事。'"

和 PSS 公司一样，3M 公司一直就有一种讲故事的文化。人们记忆犹新的一个被经常讲述的商业故事是 3M 的一位科学家希望找到一种东西以替代放在赞美诗里的书签，最后竟开发出了即时贴。3M 现在正在将他们讲故事的传统变成资本，改写战略规划方面的书。

3M 规划和国际部的高级主管萧（Gordon Shaw）开始变得不安起来。"3M 的商业计划没有能够反映深层的思想或激发承诺（忠诚）。它们通常只是使得 3M 在能力上更加强大，但是解释不了在市场中获胜的逻辑或基本原理。"他寻找到了一种新的方法，称为"战略叙述"。萧、布朗教授（Robert Brown）及布罗姆利（Philip Bromiley）教授（来自明尼苏达大学）一起解释这种方法："战略叙述非常像传统意义上的讲故事……当人们能够找到他们在故事

第8章

第五个要素　讲述故事

里的位置的时候，他们的承诺（忠诚）感和参与感提高了。通过传达获胜过程的深刻印象，战略叙述可以激励和动员整个组织。"

> 生动的故事能够触动我们的内心并且吸引我们，它们给了我们身临其境的实际体验，传授给我们真正重要的真实经验。

故事在完成目标方面要比用黑体印刷的标语贴在墙的上方作用大得多。生动的故事能够触动我们的内心并且吸引我们，它们给了我们身临其境的实际体验，传授给我们真正重要的真实经验。

优秀的领导者是优秀的讲故事者

由于发现讲故事对学习、理解、决策制定、激励和动员是如此重要，也就难怪我们和其他领导力方面的研究者都强调讲故事作为一种领导工具是多么有效了。比如，哈佛的教育学教授加德纳（Howard Gardner）在人类智能方面做了广泛的研究，坚持认为"故事的巧妙创造和表述是领导者才能的一个基础构成部分。故事影响人脑的两个部分——理智部分和情感部分。我要进一步提出，是故事的特性——帮助人们思考和感受他们是谁、他们从哪里来，以及他们要到哪里去的叙述，组成了领导者的文学宝库里最有力的武器"。

在加德纳工作的基础上，密歇根大学的领导力学者蒂契（Noel Tichy）介绍了他的领导力方面的研究："我认为世界级优秀的领导者的最根本的特点，就是具有一种鲜明的能力——将所有因素都组合进故事以引领他们的组织到达未来。"

正如蒂契所指出的那样，故事在引领组织到达未来方面起着至关重要的作用。它们和激励人们不断探究难以捉摸的未来同样重要，尤其是在一个充满巨大变革和混乱的时代。登上顶峰的道

路是险峻而陡峭的,我们在攀登的路上需要鼓励。故事是一种重要的方式,传递着我们在获得进步及人们正在从事的行为能够把我们带到目的地的信息。

故事为成功戴上了人性的面具。它们告诉我们使故事发生的人和我们一样;它们能够引起每个人的共鸣;它们把行为放在真实的情境里而且使得标准不再仅仅是统计数字;它们使标准活跃起来。它们感动我们,触动我们。领导者通过详细地讲述故事来阐述为了接近组织的标准,每个人需要做什么。它们传达了为了做出艰难的选择而需要的详细而准确的行动。它们把人们带到营火边来一边娱乐,一边学习。

很有意思的是要注释一下,单词"故事"(story)和单词"历史"(history)有相同的词根,而且基本含义相同。就像历史一样,一个故事是对一个事件或一系列事件的叙述。巧合的是,正如我们在前面所指出的,单词"认可"(recognition)意味着"第二次了解"(know again)。从某个真正的含义上来说,认可就是一个故事,是当我们需要再次了解我们是谁、我们支持什么,以及我们要到哪里去的时候可以回忆和重述的事情。这就是为什么当我们需要认可某人做了正确的事情或正确地做事情的时候,讲故事如此至关重要的原因。

如何讲一个好故事

根据研究员克莱因(Klein)的观点,一个好的故事是由几个成分构成的。下面的这些是他从所收集的故事里发现的:

- 行动者——故事所塑造的人物;
- 困境——行动者要努力解决的问题;
- 目的——行动者计划要去做的;
- 行动——行动者为了达到他们的目的所做的事情;

第 8 章

第五个要素　讲述故事

- 对象——行动者所使用的工具；
- 因果关系——采取行动的效果（既有有目的的，也有没有目的的）；
- 情境——围绕着行动者和行动的许多细节；
- 诧异——故事里发生的意想不到的事情。

让我们把克莱因的框架结构应用到一个认可的故事里来看看它的可应用性如何。为了做到这一点，让我们回到开始的关于激励人心的七个要素的故事上，也就是麦伦讲的关于凯利的故事。（如果记不住的话，你可以再看看第 2 章。）

- 在麦伦的故事里有一个行动者吗？是的，是凯利。
- 困境？凯利面对的问题是要想出对两个不能匹配在一起的部件应该怎么办。他也面对着要在一个"零废品"的文化里出现一个不合格品的可能性。如果他扔掉了这个部件，他就没有达到 NATD 的标准。通过麦伦对该故事的讲述，你几乎能够走进凯利的大脑。你可以想象凯利在对自己说："如果我把这两个部件扔掉，就意味着它们会被废弃。那就破坏了我们'零废品'的标准。我该做些什么才能够不浪费它们呢？"
- 目的？从故事的其余部分可以很清楚地看到凯利试图将金属杆和金属圆筒套在一起来确保他达到了"零废品"的标准。凯利告诉麦伦（而麦伦告诉 NATD 的员工）他想到的富有创造性的主意就是把金属杆放到冰箱里去看看它会不会收缩。
- 行动？凯利试验了他的想法。他将金属杆放到了冰箱里。
- 对象？一个冰箱和两个金属部件——一个杆和一个圆筒。
- 因果关系？"它起作用了。"行动的效果是杆和圆筒套在了一起，"零废品"的标准被保持了。

- 情境？认可在这个事件发生的位置——车间里举行，麦伦甚至在他重演经过时将故事里的冰箱带来了。麦伦不仅讲述了这个故事，而且他再次重演了这个故事。它远远不只是一个故事，它几乎是一场表演。
- 惊奇？将金属杆放进冰箱里是一个意想不到的行动。而且，麦伦在整个仪式中的扮演本身也充满了惊奇。

所以你要进行一次认可行动的时候要努力构造一个类似的故事。下面是一些应用的指导方针：

1. 识别行动者。确保你清楚地认清即将认可的那个人。如果是一个团队，就不止一个人了，要——叫出他们的名字。不要只是说"财务部的人"，要叫出名字。
2. 陈述困境。既提出问题，也要提出濒临危险的标准。不要错过一个向人们提醒价值观和原则的机会。表扬解决了问题的人是重要的，但是更重要的是也表扬他们达到了组织的信仰。
3. 澄清行动者的目的。在你的认可故事里，叙述当这个人权衡他的各种选择的时候，他的头脑里都想过什么。当然，为了做到这一点，你必须要去和他谈论这个事件。这又回到了关注这个要素上。如果你不关注的话，你就不可能讲述一个好故事。
4. 描述行动。尽可能多地叙述所发生的细节。特别是这个人做了什么，如果可以的话，你要再次重演这个过程。描述行为之所以重要是因为下一次当别人也面对类似的困境时他们就可以回忆"凯利做过什么"。他们有了一个应该采取行动的模范。他们真正采取的行动可能并不正好是其他人采取过的，但是至少他们有了一个行动的参考标志。
5. 包括道具。就像在演出中的道具一样，对象对于故事是很

第 8 章

第五个要素　讲述故事

重要的。它们丰富了细节，而且帮助人们把自己放在这个困境中。对象可能是没有生命的，或者有生命的（比如人），可能也会有自然元素卷入。这是你增加故事的丰富性，使它因为细节而生动起来的机会。

6. 讲述事情是如何结束的。不要让它们暂停，讲述它们的高潮。告诉听众最终发生了什么，以及为什么它是重要的。

7. 逼真地描述，或再次重现现场。确保将所有的元素都放入情境里。讲述它是在什么地方、什么时间发生的，谈论周围的环境，布好活动场所的景，逼真地描述现场。此外，如果你能把人们带到它发生的地方，就更妙了。

8. 设置一个惊奇。每个极好的故事都包括某种惊奇。尽最大可能，找到在其中加入一个惊奇的办法。它会增加兴趣，使故事更加令人难忘，而且制造更多的乐趣。它甚至会带来笑声。

认可的故事要包含所有这些成分需要时间和准备。讲故事是一门艺术，就像任何艺术一样也需要练习和实践。但是如果你接受了讲故事和我们所学习的一样，是一种有效的领导力工具，那么，练习和准备就相当值得投入了。

关于技术的几句话

在实况和亲自参与的情况下讲故事是最好的体验，是我们能够真正感受到讲故事者和听众的感情的唯一方式。身体语言、声调、激动兴奋、期望，当我们在那里的时候，故事的魅力都出来了。因为我们不可能总是参加实况音乐会，所以我们才听我们特别喜欢的音乐家的音乐会录音。同样的原因导致了我们看我们特别喜欢的作家的书而不是参加朗诵会，观看我们特别喜欢的老师的讨论会的录像。技术的一个奇妙之处就是它可以捕获音乐、歌

词、形象和表情来让我们替代性地体验。我们可以一遍又一遍地听、观看、学习和欣赏。

我们的同事在工作上的成功也同样可以利用技术的魔法来传达。比如说，在我们自己工作的电子语音邮件系统里，我们每个星期都会听到若干个我们的同事所做的事情超出和超越了职责所必需的例子。它的美妙之处在于不仅仅是领导者可以留言，每个人都可以使用该技术。

因此，不要忘记电子语音邮件和电子邮件。不要忘记万维网的站点、公司的时事通信。关心和支持的低技术或高科技文化被整合在一个又一个的故事里，我们的这个时代非常幸运地拥有讲故事可利用的众多媒介。

⬇ 对讲述故事的思考

- ✓ 你最近一次当众讲述某个人在你的组织里做出不平凡的事情的故事是在什么时候？
- ✓ 你认为你自己作为讲故事者的有效性如何？
- ✓ 你当众讲故事时的轻松程度如何？如果有困难的话，是什么阻碍了你？
- ✓ 在你的组织里，你的家族里，讲故事在多大程度上是一种传统？
- ✓ 你本人所认识的人里，谁故事讲得最好？你如何找到一些办法来向这个人学习？
- ✓ 当你在做演讲的时候，你是更倾向于一种讲要点的风格呢还是更倾向于一种叙述性的风格？为什么？
- ✓ 你最近一次通过讲述一个故事而有效地激励和动员了人们是在什么时候？回忆这个故事并把它写下来。以你的观点来看，是什么使得它发生作用？

第 8 章

第五个要素　讲述故事

- ✓ 在你的组织里最被经常讲述的故事是什么？它传达了什么经验教训和道德标准？这些经验教训是应该被传达的吗？还应该讲述一些别的什么故事？
- ✓ 使用克莱因的故事成分列表来分析在你的组织里被频繁地讲述的一个故事。它符合标准的程度如何？在重讲的时候，如何使它更有效？
- ✓ 你最近的一次在整个组织里播送电子语音邮件或电子邮件信息告诉大家一个正确做事或做了正确的事的人的故事是什么时候？
- ✓ 你最近一次为你的组织的时事通信写一个认可故事是在什么时候？如果你们没有时事通信，又是如何传阅备忘录的？

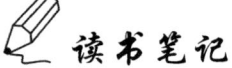 读书笔记

第9章

第六个要素
一起庆祝

庆祝给生活注入激情和意志。它使人们的精神振作起来。
——特伦斯·迪尔,《公司的庆祝》

作家班尼特讲述了一个发生在他父母的小家具厂里的故事，这个故事展示了当众认可和庆祝的力量是如何令人情绪高涨的。

> 在圣诞抢购期间，班尼特的父亲通常会雇用额外的工人。由于他们都是被临时雇用的，激励常常就成了一个问题。一天，班尼特的父亲在员工们挂他们的外套的入口处安装了被他自己叫作"夸耀板"的东西。每当他想对一个员工的成就表示感谢的时候，他就写一封活泼的感谢信钉在夸耀板上，让所有的人都看见。
>
> 当然，人们欣赏这些短信，他们让它们钉在板上，让大家都看得见，而不是藏起来。接着工人们开始把自己的短信也贴到板上，宣布他们想夸耀的成就，甚至是工作之外的家庭事件。不久，诸如"我成为祖母啦！第一个！"的短信开始出现在板上，通常还会附上新生儿的照片。一个自豪的妈妈甚至将她儿子从学校带回的全优成绩单也钉了上去。夸耀板帮助建起了一种大家庭的感觉和深厚友谊。它告诉你在这家工厂你的为人很重要。夸耀板的故事也说明人们喜爱参与对他们生活中的成就和特殊重大事件的庆祝。

所有的单独的认可都可以用某种方式变成团体的庆祝。当我们想起庆祝的时候，往往会觉得是一件烦琐耗时的事。虽然庆祝常常是很隆重的事件，但也可以非常简单。我们想拓宽庆祝的定

第9章

第六个要素　一起庆祝

义，让它既包括壮丽恢宏的，也包括小规模的。至关重要的成分是团结精神和归属感。要达到这一目的，就要将对一个人的感谢转换成一件与大家都有关的事情。

把庆祝作为一种文化

蒂尔（Terrence Deal）和凯（M.K.Key）在他们的《全体庆祝：工作中的游戏、目标和利益》（*Corporate Celebration: Play, Purpose and Profit at Work*）一书中主张："庆祝是一种文化的整合元素……提供了将一个团体紧密结合在一起成为整体的黏合剂。没有典礼和仪式，企业不可能适应变化着的环境。庆祝以许多不同的方式成为组织的中心。这和组织的大脑——信息、分析和战略是核心的观点不一样。"学术研究为庆祝影响绩效的论点提供了进一步的支持。比如说，在一项研究中，调查人员发现区别高绩效群体和低绩效群体的因素是，前者在庆祝事件前表达认可、欣赏与感激的事件范围广泛而且发生次数多。

> The MathWorks 公司的人展示了这一点是多么真实。The MathWorks 公司无疑具有庆祝文化的特点。该公司创立于1984年，现在是位于马萨诸塞州内蒂克拥有45名员工的私人软件公司。如果在它周围停留一会儿，你就会找到许多典礼和仪式的例子，都够写一本书了。
>
> 基调在他们为新员工举行的为期一周的业务介绍中就定下来了。有许多我们在业务介绍里都会包括的已成惯例的事情，但是，接下来加入了一些独特的变化。在一周的令人疲惫不堪的包括诸如产品包装、接听销售和消费者服务电话、在总裁利特尔（Jack Little）的办公室里进行一小时的谈话等活动结束的时候，新雇员们接下来会玩关于公司的一个游戏。

庆祝成就已经成为 The MathWorks 公司文化的一部分。以他们的十周年庆典为例。他们想用一种不同的方式来纪念这个里程碑，因此精心设计了一个令人惊讶的寻宝游戏。为了在那一天根据游戏安排提供寻宝线索，组织者们甚至暗地里重新设计了电子语音邮件系统的程序。在整座大楼内，跨职能的团队寻找被藏起来的宝藏。在整整两小时内，员工们一边愉快地再次体验公司的历史，一边开开心心地跑来跑去。

当他们的一个升级软件产品 MATLAB5 发布的时候，公司在大楼的两层内构造了一个九洞微型高尔夫球场。当公司拥有了第一个 500 万美元的时候，利特尔召集了一次公司会议，要求每个人都伸出手到他们的座位底下。他们在那里找到了用绳子绑在座位底部的 100 美元的钞票。还有夏天的远足。每年夏天，员工和他们的家庭都会有一个周末来享受高尔夫球、乘风滑翔、山地自行车赛、聚会等类似的活动。整个活动都是由利特尔和他的妻子南希组织的。

在小范围内，有称作"鸽子吧"（Dove Bar）的庆祝。每当一个团队完成了一件新产品，利特尔就发出一封电子邮件邀请每个人在下午两点的时候和他会合。那时候，在项目领导者的房间外边会放一台冰激凌制造机。员工们受到美味款待，与此同时，项目团队成员接受来自同事们的祝贺。在 The MathWorks 公司，至少每个季度都会有一个部门上演一个滑稽短剧。在我们上次和他们谈话的时候，轮到财务部了。

公司有一次想对系统服务组和办公室服务组在压力重重的成长期不知疲倦的奉献道谢，于是大家用自己烘焙的食物筹划了一个令人难忘的活动，因为系统服务组和办公室服务组总是在为别人忙着。这一次感谢的表示，用一个参加者的话说，就是"我们曾经做过的最激励人的事情"。

在销售部，他们有塔斯马尼亚奖（Tas Award）——一只装

第9章

第六个要素 一起庆祝

满东西的袋獾玩具（袋獾，Tasmanian Devil，一种产于塔斯马尼亚岛的在夜间活动的掘土食肉性有袋动物，生有浅黑色的皮毛和一条长而几乎无毛的尾巴。——译者注）。有技术支持奖（Technical Support Award），其中包括5~10分钟的庆祝。在运营和技术支持部还有惊人成就板（WOW! Boards）以供大家张贴表示欣赏和感谢的电子邮件、信件等。还有"用棍戳它奖"（Poke It with a Stick Award）、"守口如瓶者奖"（Oyster Award）及"滤水器奖"（Water Purifier Award）。有到剧院看戏和去波士顿的观光奖励。在某一天的中午，The MathWorks 公司的人甚至可以一起去看一场电影。

The MathWorks 公司员工也相信他们有社会使命：作为社会的一分子贡献自己的力量。所以，The MathWorks 公司许多员工都参加每年一次的大型社会拍卖会。

The MathWorks 公司是如何成为这种类型的工作场所的呢？员工关系和培训主管莱斯特（Lori Lester）说："这可以追溯到 The MathWorks 公司的我们首先是为人服务的基本信念。"她补充说："它让我留在了这里。"很明显，它让许多人重新回来。

对有些人来说，The MathWorks 公司的庆祝文化也许看起来就像一种费时的娱乐消遣。你可以听到吝啬鬼们在说："我们没有时间来娱乐和游戏。这是一个快速发展的行业，我们不可能为这类事情而停止生产。别忘了，这毕竟是做生意。"对，也许再也没有比软件行业更加快速发展的行业了，而 The MathWorks 公司绝对是一家成功盈利的企业。The MathWorks 公司的利特尔、莱斯特等人知道提升一种庆祝文化能够加强团结和增加使命感，而这对于留住和激励当代的员工是最基本的。

我们想让别人参与我们的生活

归属的需要是激励我们庆祝的原因。我们想让别人和我们分享我们的生活，我们也想分享他们的生活。否则的话，我们都会成为隐士。这里有一个小实验来帮助你发现这一点是多么有道理。

尽可能快地在你的机构里转一圈。我们知道你以前曾经做过，但是这一次转的时候，要仔细观察人们在他们的桌子上摆放了什么、在他们的公告牌上粘贴了什么，以及在墙上挂了什么。在那些相框里都是谁或什么？一个所爱的人、一个家庭宠物、一位特殊的朋友？能看得见什么奖品和毕业证书？你看到了什么画和海报？摆放出了什么奖品和礼物？他们庆祝什么？他们重视什么？花时间和主人谈谈你所看到的东西。

你是否曾经问过自己人们为什么要在公共陈列处放这些东西？你是否曾经问过自己为什么要在公共陈列处摆放一些东西？好的，的确，我们是为自己做这些的。我们喜欢提醒自己所取得的成就、曾经到过的地方、所爱的人。我们喜欢回忆美好的往事。我们想再一次体验那些愉快、惊讶、爱、振奋、重要、成功的情感。我们希望感受一些东西，即使在工作中。

我们把我们的记忆放在陈列处，因为我们想让别人参与我们的生活。照片、海报及挂在墙上做装饰或纪念用的薄金属板或瓷片都是我们向别人介绍自己的方式。它们说："这里有对我来说重要的东西。这里有给我欢乐和意义的东西。问我有关它的事情吧。"如果我们不愿意别人分享这些经历，我们会把它们藏起来作为秘密。公之于众就意味着共享。

还记得斑马海报吗？海报之所以被贴在办公室的墙上，不仅仅因为它漂亮。它被挂在那里还是为了分享一个我们已经记忆了一年又一年的信息。我们喜欢把斑马的故事讲给那些问起来的人，还有许多没有问的人！我们想让人们参加一次对我们充满意义和

第 9 章

第六个要素　一起庆祝

非常重要的事情的讨论，海报是展开讨论的一种方式。如果我们把它藏起来，我们就错过了一次对话、教导和娱乐的机会。

如果你转一圈下来，发现没有照片，没有纪念品，没有回忆的东西，将会怎样？如果组织表示不赞成这些私人的陈列，将会怎样？如果你的公司文化不鼓励人们彼此靠近，将会怎样？如果真是这样，作为一名领导者和一个人，你应该非常担心和焦虑，因为濒临危险的不只是工作，还有你和别人的健康。

亲密带来健康，孤独导致伤害

我们在本书的开始就说过这一点，我们还将再一次说起。最佳的领导者和绩效欠佳者相比，前者想和别人接近，想和别人更加亲密。最近的研究告诉我们，这些领导者不仅更加可能成功，而且可能更加健康。同样重要的是，这些领导者更加可能提高别人的健康和幸福。

医学博士奥涅希（Dean Ornish）是一位内科学临床教授和世界知名的冠心病研究员。1998年，由于他在亲密关系对健康影响力方面的开创性的研究工作而成为《时代》（Time）和其他新闻杂志的封面人物。在他的《爱与生存》（Love and Survival）一书中，奥涅希回顾了许多有关爱、亲密关系及其他因素对一个人的健康和幸福的影响的调查研究。从他的分析中，他得出结论："当你感觉到被爱、被培养、被关怀照顾及被支持，并且关系亲密的时候，你就可能比较幸福和比较健康。你患病的可能性非常低，而且，如果患病的话，生存下来的概率会非常大。"如果你没有一个自己认为亲近的人，没有人照顾你，那么在你需要的时候，你就没有一个人可以寻求帮助。"你由于各种原因而早逝和患病的危险性可能是其他人的3~5倍。"

奥涅希所指的爱，被其他人称作社会支持。在美国和全世界

范围内都有人做过关于社会隔离、社会支持和亲密关系的研究。所做研究涉及老年、中年和年轻的男性和女性。如果你感兴趣或怀疑的话,我们鼓励你自己回顾这些证据。它会让你笑,它还会让你哭。它也会让你停下来思考自己的各种关系的质量。

所有的证据都指向同一个方向。这里再一次引用奥涅希的话:"当我翻阅科学文献的时候,我吃惊地发现,爱和关系在几乎所有的导致疾病和早逝的因素中显得极其重要。也许很难相信诸如和朋友聊天、感觉和父母很亲近、公开地分享感情等简单的事情会在你的健康和幸福中这样重要,但是一个又一个研究证实它们确实如此。"

以上所述证实了我们的关系的质量有保护效应。我们的关系越有凝聚力、越是支持性的、越是充满爱意的,我们的免疫系统就越健康,我们对疾病就越有抵抗性。此外,有多个亲近的社会关系固然很有帮助,但即使只有一个关系,也要比一个都没有显著要好。你可以拥有世界上最好的工作,挣比比尔·盖茨还要多的钱,但是如果你没有亲密的社会关系,你可能不会活着享受它。

作为领导者,我们现在已经懂得当我们为了社会支持而把人们召集到一起的时候我们应该给予一样东西:更健康地生活的礼物。基于这个论点,说有效利用社会支持的领导者不仅将绩效水平提高得更高,而且对减少死亡和疾病也有贡献并不过火。现在,想一想这对于组织的结果意味着什么:庆祝是非常真实的、赋予生命力的力量。

用庆祝构建大家庭

庆祝,不论是认可某一个人的成就还是对许多人的成就喝彩,都是提高个人健康的机会,但也是领导者们建立更加健康的群体的机会。高度可见的公众认可提高了接受者的自尊,也建立了大

第六个要素　一起庆祝

第9章

家庭和归属感，以及一起工作来达到目标和共享胜利的感觉。奥涅希和凯是这样说的："庆祝给生活注入激情和目标……它把人们结合在一起，把我们与共享的价值观和神话联系起来。仪式和典礼创建了大家庭，融合个人的灵魂和组织的精神。当取得成就的时候，我们可以在典礼场合为荣誉狂欢。当境况艰难的时候，仪式又将我们吸引到一起，点燃曙光在前的美好希望和信念。"

由于组织的成员不仅仅在职业方面互相作用、互相影响，他们很可能还会彼此了解和关心。当你不仅仅在工作本身方面，而且在庆祝成就方面，都有高度的参与的时候，你就强化了人们在达成目标方面的共同利益。使人们觉得被包容进来了是任何庆祝都有的重要功能，而且通过精心设计的提供参加与共享机会的庆祝所激励的人越多，你的组织里的人会变得越亲密。

庆祝及参与规划庆祝，提高了归属感和集体荣誉感。特别是，提供参加与共享机会的庆祝将人们带到一起，可以彼此交换信息，增进关系，鼓励形成一种命运联系在一起的感觉。通过使成就众所周知，你激励了正在被认可的人，以及那些目击这个奖赏的人的心。你构建了一种文化，在这种文化中，人们感到他们的努力受到了欣赏和感激，甚至鼓掌喝彩。那些把自己看成这个大家庭的成员的人可以在这里找到意义和目标。

谁真正地想为一个没有仪式和典礼的组织——一个什么都不庆祝的令人厌烦的组织工作呢？创新领导力中心（Center for Creative Leadership）的高级研究员坎贝尔（David Campbell）说得非常好："一个忽视或阻挠组织的仪式，并且把它们看作无关紧要的或'不划算'的领导者是在忽视历史的规律。'仪式'是历程的标点符号，没有仪式，就没有开始和结束。生活将成为永无休止的连续的星期三。"

因此，如果你厌倦了无休止的连续的星期三，那么暂时停止工作来庆祝什么事情吧。组织发展咨询师德佛瑞斯特（Cathy

DeForest）提供了如下的一些可以举行仪式和典礼的原因：

- 组织变革和转化。组织扩充、重组、结束、合并，一项旧技术的结束和新技术的引进，搬迁到新的场所。
- 成功。财务成功、升职、奖励、向新市场扩展。
- 失去。旧的程序、财务机会、合约、一项工作、地位的失去，一位同事刚刚过世，一项以失败告终的实验。
- 人。团队的成功、创始人、销售竞赛的获胜者、员工奖励、个人的生日、结婚、重聚、为别人做了好事。
- 事件。公司的周年纪念日、开幕日、节日、公司愿景的发布日。
- 未知的。某种怪事、不明确的市场。

> 不论你决定庆祝什么，不论你庆祝的原因是什么，做这件事情表明作为一个领导者，你在给人们的生活带来更多的欢乐，你在强化一种大家庭的感觉，这种团队精神将为你的组织注入更强的活力来面对今天和明天的挑战。

我们相信你可以从以上所述中找到下周把人们召集到一起来庆祝的某件事情。

不论你决定庆祝什么，不论你庆祝的原因是什么，做这件事情表明作为一个领导者，你在给人们的生活带来更多的欢乐，你在强化一种大家庭的感觉，这种团队精神将为你的组织注入更强的活力来面对今天和明天的挑战。

用庆祝强化价值观

庆祝还有另一个重要的功能，它提供了强化组织价值观的机会。不论它是为了祝贺个人的、团队的还是组织的成就，庆祝表明在这里什么是重要的，什么样的行为方式是值得花时间和金钱

第六个要素　一起庆祝

来认可的。

庆祝展示和强化了要大家为之献身的至关重要的价值观。它引人注目地表明，组织对于坚持它的原则是严肃认真的。因此，清楚地表明你的立场是很重要的。你正在强化什么？你此刻所说的什么是意义重大的？聚会是美好的，但是庆祝比聚会还要美好。它是创造重大意义的仪式和典礼。当在计划一次庆祝的时候，每个领导者都应问："我想努力创造什么意义？"公众仪式明确了个人的义务，把人们结合在一起并且让他们知道他们不是孤独的。

当个人或团队被挑选出来在一个公众活动中予以认可的时候，他们是在被树为榜样。研究显示，同级别的榜样作用很大。在一家公司中即使总裁的行为与所提倡的公司价值观相一致，他仍不适合被树为榜样，因为我们需要看到和我们类似的人的行为。

公众认可为领导者们提供了机会来传达这样的信息："这儿有一个类似你们的人。你能够做到这一点！"通过公开地将认可奖给具有代表性的人，你不仅给了他许多真挚的感谢，而且为他的同事提供了一个可以效仿的榜样。他们也看到自己中的一位由于做事正确和做正确的事而受到了认可。他们看到为超过标准而付出的努力受到了真正的欣赏和感激。他们看到一个同辈人接受公开的表扬时所受到的激励，要比看到一个著名人物因为完全相同的行为而获得奖赏时大得多。

培育你的关系网

在前面我们评论了社会支持的健康治疗功能。这一点对于你、领导者和你的下属的适用性是一样的。由于要面对许多挑战，拥有一个有力的支持性的关系网是至关重要的。在挑战面前，你可能是别人的勇气和希望的精神堡垒，但你不是在一个真空里工作，你所需要的支持和与你共事的人所需要的一样多。

有时，努力从你所支持的群体里获得支持可能像用你自己的鞋带把自己提起来一样。特别是在充满压力的时刻，你需要既能够向工作之外的朋友，又能够向工作环境里的同辈人寻求帮助。碰到一些特殊事件，你需要人来支持。如果你周围的世界向你关闭了，你得不到足够的支持，你不可能从周围人的压力与悲痛中幸免于难，这些压力与悲痛也会以这样或那样的形式反映在你身上。

当压力存在的时候，你的个人支持系统不仅可以为你提供发泄郁积的感情的地方，而且还会为你提供自由讨论解决方案的论坛。不要忽视你生活中的支持性关系或认为它们是理所当然的。如果这样做了，你就可能得不到那些人在你危急时刻可以提供的支持。在变化或危急的时刻，要特别注意私人关系。每当你为了杰出的成就而奋斗的时候，你就会特别需要这些关系来支持你。不论是在处理过度的压力还是在进一步延伸自己的才智方面，朋友和支持者都是你所需要的良药。

> 不论是在处理过度的压力还是在进一步延伸自己的才智方面，朋友和支持者都是你所需要的良药。

现在，你的支持性关系网看上去像什么？为了更形象一些，在一张纸的中间画一个大圆。将你的名字写在里面。在大圆的周围画一些小圆来代表你可以寻求到支持的人，把一些圆画得离大圆近一些，一些圆画得远一些。

现在，想想那些你所拥有的最近的关系——那些你可以真正信赖和倾诉的人。在离你名字最近的圆里写下他们的名字。写得快一些，只要是进入你脑海里的名字就写下来，包括那些你一直在生活里给予他们有力的社会支持的人，但是也不要忘记那些与你新建立起友谊的人。接下来，在离中间较远的圆里写下那些你可以依靠，但不一定是可以向其倾诉你的烦恼的人的名字。

第9章

第六个要素　一起庆祝

在填写完所有进入你脑海里的人的名字之后，花点时间研究一下你所画的东西。谁是你可以依靠、指望的？这张草图包括了你生活的各个领域里的人了吗？它包括了你的管理者或团队的领导者了吗？如果是，和你自己相比，他们被放在了什么位置？你把你的朋友、同事和导师放在了什么地方？有没有你许久都没有见到过或你已经不来往的人？想一想你现在属于或过去曾经属于的俱乐部、协会、政治群体、宗教群体或运动群体。问问你自己从它们中能感受到多大的支持？决定一下哪些关系需要加强或更新，然后和这些人取得联系。

如果你正在按照我们所说的方式构建一个激励人心的组织，你给予别人的支持会回报给你。当你看到激励人心正在成为每个人的职责的时候，说明你所做的一切正在发挥作用。回报的形式各种各样，领导者们会得到他们所付出的，这就是为什么树立榜样很重要。我们在下一章会转到这个话题上。

> **▶ 对一起庆祝的思考**
>
> ✓ 你最近在组织里举行的庆祝是什么？是多久以前的事？时间已经很久了吗？
> ✓ 你庆祝成就的频率如何？足够多吗？
> ✓ 你的组织里社会化的程度如何？人们有足够多的机会互相认识了解吗？建立支持性关系网的机会大吗？
> ✓ 你正在做些什么来鼓励关系网和社会支持的建立？
> ✓ 你花时间和人们讨论他们桌子上的照片或墙上的肖像，以及这些对他们意味着什么吗？频率如何？
> ✓ 当你在庆祝的时候，你清楚你正在强化的价值观吗？

- ✓ 你是如何称赞人的同时强化价值观的?
- ✓ 你是如何用庆祝来为别人树立榜样的?
- ✓ 你可以坦率地和多少工作中的同事、朋友和家庭谈话?有多少人可以与之分享你的情感,并且可予以信赖和倾诉?有足够多的人让你感觉到被支持吗?他们是合适的人吗?
- ✓ 你的庆祝有多有趣?它们是否太例行公事,不够令人惊奇和珍视?
- ✓ 你组织里的人觉得庆祝是对时间的浪费或他们太忙,不能停止工作吗?你可以对这些感觉做些什么?

第 10 章

第七个要素
树立榜样

我们是靠人来领导的,而不是靠公司、专业知识或制度来领导的。

——保罗·霍肯,史密斯&霍肯公司创始人

当特纳（Cary Turner）接管 Pier 1 Imports 公司销售部的时候，他亲自打电话或写信给公司的所有管理人员，向他们介绍自己并且对他们的努力工作表示感谢。后来尽管他已经在那个职位上待了一段时间了，但他仍然坚持常说"谢谢你"并且寄亲笔写的感谢信。也许这些都是微不足道的小事，但这就是建立庆祝和认可的文化的方式——每次一封感谢信，每次树立一个模范。

特纳有时候也会不同寻常。比如说，1997 年 12 月，当销售部整体利润增长达到 10%的时候，他在热的煤上光着脚走。口号是："我们这么热，我们冷静。我们这么冷，我们热情。"1996 年，他和他的地区经理打了一个赌：如果他们的销售业绩取得显著的增长，他将穿着幼稚的衣服去拜访他们所有人。他们做到了，他也做到了。当一个在华盛顿特区的销售部达到 200 万美元的销售额的时候，应该销售部经理的要求，特纳穿着结婚礼服来到现场帮助促销新婚用品。当西北地区的销售部 12 月的销售额提高了 11.1%，要求他做件不同寻常的事情时，他驾滑翔伞飞过了西雅图码头。

但是为了产生一个积极的影响，并不一定要做不同寻常的事。不论走到哪里，不论是在销售部，还是在公司电梯里，甚至和消费者在一起，特纳都以热情而著名。他用自己的方式说"谢谢你"所做的每件事情。正是这种热情使得对那些向他寻求激励和鼓舞的人来说，他是那么平易近人。

第10章

第七个要素　树立榜样

有许多公司，都以其令人愉快的工作环境而赢得声誉——由于有庆祝和认可的文化。它们富有吸引力，在吸引和维持员工与消费者方面，要远比它们的竞争者好得多。和这些机构紧密联结的人彼此相关，并因此而自豪。他们喜欢成为整个体验的一部分。

这些组织是如何赢得这样的声誉的呢？我们所听到的最一致的答案是："我们的领导者以身作则。"

一次又一次，故事几乎都很类似。不论在哪里，但凡你发现有围绕着强大的价值观所建立起来的强大文化——出众的质量、不断的创新、优质的服务、设计的独特性、对别人的尊重或仅仅是富有情趣，你一定可以同时发现以身作则遵从该价值观的领导者。是的，文化可能来自上层，但是因为每个人都变成一名领导者而维系下来，每个人都是榜样。

关于人类行为的最古老的观察结论之一是，我们周围人的情绪会影响到我们。如果我们周围是一个忧愁悲哀的人，我们也会感到悲伤。也许在刚进入一个房间的时候我们还感到充满精力和活力，但在低弱情绪面前，我们会发现我们的精力和活力开始"泄漏"了。现在，以一个群体或组织的尺度，想象和成百的垂头丧气的人一起待上几天，是多么令人郁闷啊！这足以让任何一个人都想尽办法尽快逃离。

但是如果你走进一个充满乐观的、支持的、欣赏和感激的，以及热情的房间，你的身上又会发生什么呢？你的情绪会高涨，不是吗？人类更倾向于和积极的人在一起，而不是和消极的人。在一个组织里也同样如此。只有当组织的领导者树立了榜样传达"在这里我们说谢谢、表达欣赏和感激并且充满乐趣"的信息时，庆祝的文化才会永久留存并发扬光大。

信任的基础

我们一直都在不断学习那些以信赖而开始的经验教训。在我们的研究中，我们一次又一次地发现，人们对于领导者信赖的需要远远超过其他任何品质。可信性是领导力的基础。

首先，人们想信任他们的领导者。他们想相信领导者的话是可以信赖的，领导者对他们所说的话身体力行。我们的发现在很长时间里都是如此一致，因此我们将此作为领导力的第一条原则：如果你不信任传递信息的人，你就不会相信这条信息。

领导力的可信性在我们的绩效和我们对一个组织的承诺（忠诚）方面影响非常大。我们分别研究了由在个人的可信性方面得分高和得分低的人所领导的群体的绩效水平，下面是我们的发现。当人们感到他们的顶头上司或地位较高的领导者具有较高的可信性的时候，他们显然更可能：

- 自豪地告诉别人他们是这个组织的一部分；
- 感受到一种强烈的团队精神；
- 认为他们自己的个人价值观和组织的价值观是一致的；
- 感到隶属并且忠诚于该组织；
- 有一种是该组织的主人翁的感觉。

但是，当人们感到他们的顶头上司具有较低的可信性的时候，他们显然更可能：

- 只有当他们被严密地监视的时候才会努力工作；
- 主要被金钱所激励；
- 表面上说组织的好话但私底下批评、责备组织；
- 如果组织正面临困难，就考虑找另一份工作；
- 感到没有被支持、欣赏和感激。

可信性很重要，忠心、承诺（忠诚）、活力和生产力都依靠它。

第七个要素　树立榜样

那么，确切地讲，可信性是什么？它的行为上的表现是什么呢？当它起作用的时候，你是怎么知道的呢？下面是人们对问题的回答：

- "可信的领导者实践他们所宣扬的东西。"
- "他们身体力行。"
- "他们的行为和他们所说的话是一致的。"
- "他们把钱花在该花的地方。"
- "他们信守诺言。"
- 最经常的回答："他们做他们说将会做的事情。"

当需要判定一个领导者是否值得信任的时候，人们首先听他们说了些什么，接着就看他们的行动。人们听其言，观其行，然后测量两者的一致性。如果两者之间是协调一致的，就做出可以信任的判断。如果人们看不到协调一致，他们就得出结论说这个领导者至少对自己所说的话是不严肃的，甚至觉得领导者是一个彻底的伪君子。

下属们被行动所激励。行动是一个领导者可信性的有力证据。下面是一个供领导者模仿的简单处方：

DWYSYWD（Do what you say you will do）：做你说你将会做的事情

DWYSYWD 有两个基本成分：第一个是说，第二个是做。为了树立榜样，领导者们必须清楚他们的价值观；他们必须要了解他们支持什么。这是说的那部分。记得我们激励人心的第一个要素是树立明确的标准。我们从那里开始，因为我们知道那就是可信性开始的地方。但是光说是不够的。领导者们必须把他们说的话付诸实践，他们必须按照他们的信仰去行动。

在领导力方面，DWYSYWD 是必需的，但是还不够。做你说你将会做的事情可能让你个人具有很好的可信性，但它不会使你

成为一个可信的领导者。领导者代表了一群人,其下属具有需求和兴趣、价值观和愿景。为了树立榜样,并且为了赢得和加强领导力的可信性,我们中那些想成为领导者的人必须将我们的行为建立在共同目标和强烈愿望的基础上。我们必须:

DWWSWWD(Do what we say we will do):做我们说我们将会做的事情

DWWSWWD 向我们揭示了领导者为了树立榜样和维持领导者的可信性而必须掌握的要素。我们把它叫作"说-我们-做"(say-we-do)过程,它意味着领导者必须能够:

- 澄清自己的和别人的价值观和信念;
- 统一下属的价值观;
- 通过每天实践价值观和坚持不懈地强化别人的行为性承诺(忠诚)而加强他们对共同价值观的承诺(忠诚)。

如果你想创造并且维持一种庆祝和认可的文化,你就必须树立榜样。你的行动发送出你是谁,以及你对别人的期望是什么的信号。如果你的下属可以看见和听到你对别人的贡献说谢谢,你在讲述他们的成就的故事并且参加对成功的庆祝,那么,你就很有可能看到他们也会这样做。

在我们所研究的一家公司里,管理开发部门的人想确保组织里的领导者认识到榜样的力量,他们创立了"陆军通信兵"(Signal Corps),其唯一的使命就是提高榜样和信号的重要性。他们的陆军通信兵信条(Signal Corps Creed)指出每次和员工的相遇在使他们牢记正确的行为方面是多么重要。每次相遇都被看作一个领导者可以留下或好或坏的印象的接受考验的关键时刻。陆军通信兵的成员发誓要一贯地留心制造一个好的印象——和组织的价值观保持一致。他们知道,他们的行为比语言更重要。

所有的领导者都要重视这个信条。当需要在全组织内发送一

第七个要素　树立榜样

条信息的时候，再也没有任何事情比领导者所做的更能够清楚地表达出来了。

陆军少尉克里斯特门（Daniel W.Christman）将军对于领导者的榜样了解甚多。他是美国西点陆军军官学校（West Point U.S. Military Academy）的校长，并且是参谋长联席会议主席的前任助手。他的工作就是要了解领导者在树立榜样方面做得如何。1997年，在陆海军橄榄球比赛前的篝火聚会上，在30度（美国使用的是华氏温度。——译者注）的气温下，克里斯特门撕开了他的军衬衫向人们展示他的胸部画着的一个大大的"A"。无须多言，西点军校的学生们看到校长在为他们的队加油鼓劲，全都极度兴奋起来。

在你的胸部画上点什么也许不是你的方法，在热煤上走可能也不是你的方法，那并不重要。重要的是要向别人直接而且引人注目地表明，你在那里通过积极的信号为他们加油鼓劲。如果你做了这一点，你就更可能看到别人也做到这一点。就那么简单。

如果你要求别人激励人心，你也会有更大的可信性。他们会更可能相信你对这一点是严肃的。为了做一个优秀的领导者，你必须要接受的一个事实就是人们相信你所做的，而不是你所说的。

以激励开始你的早晨

我们想不出比激励人们更好的开始一天的方式了。为什么不在大清早通过表达出你对别人的贡献是多么欣赏和感激而设定一个积极的基调呢？

厘克通信公司（Centigram Communications Corporation）的销售工程师沙劳（John Schallau）认为他应该这么做。沙劳在计算机上设计了一个提示牌，每天早晨当他打开计算机做第一

件事情的时候,这个提示牌就会弹出来。他只是简单地开列了一个他可以用来表达谢谢的各种方式的清单,当他时不时地发现新的激励人心的方法时,他就会添加在这个清单上。下面是沙劳的计算机屏幕上的提示牌内容。

对个人的奖赏

  比赛项目的入场券

  适合周末度假的地方

  出席行业内活动

  在商业中心的晚餐或联欢性的晚会

  温泉疗养或周末休养

  出席外界的研讨会

  杂志订阅

对群体重大成就的奖励

  海滩上的下午

  公园野餐

  迷你高尔夫球

  棒球比赛

  赠送奖品的办公室聚会

  在讲究的饭店里和全体职员及其配偶的午餐或晚餐

作为奖品的象征性物品

  有公司标志、徽标的 T 恤衫

  运动包

  咖啡杯

  啤酒或葡萄酒杯

  笔架

激励友情的主题日

  夏威夷衬衫日

第七个要素　树立榜样

难看的领带日
针织套衫日
万圣节前日的化装日
食品（给认可活动的）
油炸圈饼
百吉饼（先蒸后烤的发面圈）
特别的午餐聚会
比萨饼

我们喜欢沙劳的计算机提示牌。它阐明了人们在改变行为方面最基本的原则：只有当你迈出第一步的时候，变化才会发生，然后再前进一步。沙劳决定他需要做更多的事来认可个人的贡献和庆祝团队的成就，所以他给自己开列了一个清单，这样，每天他都可以在清单上找到他可以做的事情。

作家拉莫特（Anne Lamott）讲述了一个朝目标前进的美妙故事。虽然她的故事是有关写作的，但我们认为该经验在领导力方面同样适用。

30年前，当时只有10岁的我的哥哥，正在努力地写一份关于鸟类的书面报告。他已经写了三个月了，第二天就是最后期限了。我们外出住在Bolinas的小屋里，他坐在厨房的桌子边，被活页纸、铅笔及没有打开的关于鸟类的书包围着，被前面的巨大任务压得不能动，他几乎要掉眼泪了。我父亲在他身边坐下来，将自己的胳膊环绕在我哥哥的肩膀上，说："一种鸟一种鸟地来，孩子，就一种鸟一种鸟地写吧。"

激励人心的事是无穷的。作家和教育家纳尔逊（Bob Nelson）在他的书《1001种奖励员工的方法》（*1001 Ways to Reward Employees*）和《1001种激励员工的方法》（*1001 Ways to Energize*

Employees)中证实了这一点。所以你应该做的就是开始。就从纳尔逊的2002种方法里挑一种吧,或者从我们第12章里的150种里挑一种吧。沙劳用他的提示牌做到了这一点。下面是几个激励人心的例子。

领导者先开始

劳普斯是加利福尼亚一家公立小学的改革协调人,她同时管理着学校的组织开发和变革过程。就像她说的:"我是校长的顾问—批评家—倾听者—深思熟虑的合伙人—红粉知己。"受到《301种让工作有趣的方法》(*301 Ways to Have Fun at Work*)一书的启发,劳普斯决定再不会让任何使工作有趣的机会从自己身边溜走。因此,她从将"有趣"这个词陈列在几个重要的地方开始。她把它贴在办公室门的标记牌上,这样,每当她走出去的时候都可以看得到。她把它放进自己的每日计划本里。她说:"它帮助我对寻找'有趣'的机会更加积极主动。"比如说,有一周,她要求人们在上交"老职员问卷调查表"的时候把填写好的调查表折成纸飞机,然后再飞给她。劳普斯说:"有史以来的第一次,每个人都交了问卷调查表。"

劳普斯开始和每个人讨论如何让工作有趣。有一天她在食品杂货店购物的时候,特意买了一盒苹果肉桂小松糕粉。她做了八个小松糕,在每个上面,她都写上了一条送小松糕和一袋茶叶的理由,并把它放在了工作人员的信箱里。受到劳普斯振奋人心的精神的鼓舞,家长教师联谊会在教师感谢周(Teacher Appreciation Week)加入了创建活泼校园环境的活动中。他们甚至用桌子、百花香(干燥花瓣和能使空气变香的香料的混合物。——译者注)、彩色的窗帘和各种各样的颜料装修了员工盥洗室。"老师们,"她说,"对这些津津乐道了很长一段时间。"

第 10 章

第七个要素　树立榜样

> 劳普斯说她收到了微笑、拥抱和针对她的行动所写的感谢信。她也看到了环境所发生的变化。最重要的是，劳普斯学到了每个要开始这个征程的人都要学习的一课。"激励别人的心也激励了我的心。当我微笑着四处走动，看着人们，叫出他们的名字，我变得振奋了！当我在为老师们制作小松糕并且在上面附上短信作为精神振奋剂的时候，我感到兴奋。当我向人们谈起我正在组织的一次休养引发了老师们的好奇心，我们的工作变得有趣了。"镜子反射回来了你所描绘的形象。

当昆腾公司的法人韦尔曼决定采用激励人心这一方法时，她有类似的体验。韦尔曼不仅将其应用到工作上，她还把它带入家里、MBA 学校，甚至用在陌生人身上。

> 如果我看到有人穿着我觉得吸引人的针织套衫，我会当面称赞这个人而不是在心里默默地赞美。有时他们会诧异，但更多的时候，他们很高兴。当我最近结束阿拉斯加的旅行回来的时候，我为我女儿带回了一些纪念品。但是，这一次我花时间精心挑选了几件该地区的特产（糖果等），在回到办公室的第一天就把它们摆放在了休息室里。一次我迅速翻阅一个邮购目录册的时候，我看到了一个雕刻有三个女孩的银制的胸针。设计和制作这个胸针的艺术家把它命名为"三姐妹"。我邮购了三个胸针，把其中的两个给我的两个姐妹一人一个，我自己留了一个。已经有很长时间我们姐妹几个没有为彼此订购礼物了。
>
> 在家里韦尔曼也更加努力地积极倾听她的女儿卡蒂的心声。韦尔曼从倾听中了解到她的女儿希望有更多的时间和妈妈待在一起。韦尔曼为此做出的反应是每周和女儿一起外出一次，去星巴克喝咖啡和热巧克力奶。韦尔曼告诉我们："几周之前，卡蒂问我为什么想到了这样做。我告诉她我倾听到了她不能有足够多的时间和我待在一起的哀叹，而我认为这是一个让她知

> 道她做得有多么棒，我为她感到多么自豪的很妙的方法。她非常兴奋、激动。我还是不太确信对卡蒂而言，哪个更能激励她：我们每周在星巴克的聊天还是我听到了她所要求的。"

亲自参与对树立榜样具有重要意义。

> 泼金—埃尔默公司应用生物系统部的客户服务主管沙哈特知道，即使有物质奖励，亲自参与也是非常重要的。沙哈特在寻找一种加强她和公司员工交流的方法。在应用生物系统部，和许多高科技公司一样，如果有一个好年景，人们会得到股票期权。由于应用生物系统部在过去的几年里利润增长了近20%，所以发放股票期权成了经常的事。以前沙哈特会从她的主管那里拿到股票期权，然后她会把它们分给她的中层领导并要求他们对自己的直接下属做同样的事情。1998年，她决定采取不同的方法。她想直接对人们说谢谢，她询问自己的中层是否介意她本人和每位接受股票期权的员工见面。她的中层们认为这是一个了不起的主意。
>
> "我亲自对他们特殊的项目和所做过的辛勤工作表示感谢。"沙哈特说，"员工们都很诧异，我居然真的能够在繁忙的工作中抽出时间来和他们每个人单独坐下来喝杯咖啡，并且讨论他们的成就。我的一个管理者后来告诉我，她的员工对于我和她共度时光的感激程度要大于那些股票期权！"就像对韦尔曼的女儿一样，重要的是作为礼物的私人时间。

特纳、沙劳、劳普斯、韦尔曼和沙哈特的简短故事展示出当你激励人心的时候，你所做的大多数事情都是一些琐碎的事情，而这正是关键点。在激励人心方面树立榜样并不需要一个庞大的计划。它不需要昂贵的预算，不需要心理治疗，也不需要老板的许可。在这些所有的例子里最重要的事情就是领导者采取了主动

第10章 第七个要素 树立榜样

性。激励人心成为一件被优先考虑的事情。

实际上，在激励人心方面树立榜样开始于你先要求自己这样做，开始于你将它放进你的每日计划本里，开始于在你的门上贴一个标记。当你和每个人都讨论它的时候，它开始了；当你把一件常规工作变得有趣的时候，它开始了；当你把别人放在第一位时，它开始了；当你亲自参与的时候，它开始了。当领导者确实亲自参与到激励人心中的时候，结果常常都是一样的：接受者和发出者都感到被振奋了。镜子反射的就是你所描绘的。

➦ 对树立榜样的思考

- ✓ 当你在工作中看着镜子的时候，你看到了什么？你看到的是一张微笑着的脸、严肃的脸、悲伤的脸，还是狂怒的脸？
- ✓ 你工作场所的环境如何反映了你的行为？
- ✓ 指出你上一周在工作中为了激励人心而做的一件事情。在家里又是如何做的？
- ✓ 你最近有意识地做了什么来向人们传达激励人心对你很重要的信息？
- ✓ 在你的组织正在进行的认可和庆祝中，你亲自参与的程度如何？
- ✓ 如果你在门外贴上一个"让我们快乐"的标记，会发生什么？
- ✓ 如果你像韦尔曼那样，使得激励人心成为日常生活的一部分，将会发生什么？你做的第一件事情将会是什么？
- ✓ 你在工作场所可以用多少种特别的方法展示你对别人的欣赏和感激？
- ✓ 工作场所中你最可信的人是谁？分析一下他做了什么给他带来了可信性。你该如何把这些属性整合到你的习惯中？
- ✓ 你可以在这一周的时间表里再多加进去一个表达感谢的行动吗？

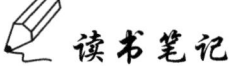 读书笔记

第11章

找到你的声音

只有通过自己的声音,你的经验才具有真实性。

——安妮·拉穆特

迄今为止，你一直都在阅读关于别人的激励人心的经验。我们已经为你提供了在七个要素的每个方面做出表率的领导者的例子，而且我们也提供了激励人心可以带来杰出结果的丰富充足的证据。在最后一章里，我们列出了150种方法和技巧来帮助你做得更好。但是在你领导的前进道路上，还有一条重要的原则你必须要牢牢记住。

你不可能照搬别人的经验而成功，你得自己去摸索。

心理学家兼首席执行官法森（Richard Farson）在他机智诙谐的《荒诞管理》（*Management of the Absurd*）一书中写道："在亲子关系和管理关系中，我们应该更加重视我们是谁，而不只是我们该做什么……毫无疑问，父母可以而且应该为孩子做他们认为对孩子有好处的事情，但是真正重要的是父母应该先了解清楚孩子真实的想法……在管理和领导关系中也有相同的情况发生。人们应该了解自己是谁，并对此做出回应。"

法森已经充分阐述了这一点。充斥在所有的管理学和领导学的书里（包括这一本）的技术和工具都不能超越你是谁。实际上，如果某个人只是学会了这些技术和工具的皮毛而没有真正掌握其实质，往往会自食恶果。

人们不会被你表面的技术所左右，影响他们的是真实的你——你所传达出来的信息和你自己的实际行动。

密歇根的赫尔曼·米勒（Herman Miller）家具制造厂的前董事长和首席执行官德·普瑞（Max De Pree）讲述的一个令人感动

第 11 章

找到你的声音

的故事很好地阐明了这一点。

> 我妻子埃丝特和我有一个孙女名叫佐伊（Zoe），这个希腊单词的意思是"生命"。她是个早产儿，出生时只有一磅七盎司重。她是那么小，我的结婚戒指都能够滑过她的胳膊直到肩膀。第一个给她做检查的新生儿（科）学专家告诉我们她能存活三天的概率只有 5%~10%……
>
> 但麻烦的是，佐伊的生父在她出生前一个月就逃走了。了解到这一点后，一个名叫鲁思的聪明而有同情心的护士给我建议："至少在接下来的几个月里，你是代理父亲。我希望你每天都来医院探视佐伊。当你来的时候，我希望你用你的指尖按摩她的身体、腿和胳膊。当你在爱抚她的时候，你要一遍又一遍地告诉她你是多么爱她，因为她必须要能够把你的声音和你的触摸联系起来。"
>
> 鲁思的提议非常正确，非常有利于佐伊（当然，也是为了我好），她没有意识到她的建议也正是一个领导者在工作中应该做到的。成为一名领导者的核心就是需要经常将声音和接触联系起来。

德·普瑞接着解释："领导者一个最重要的任务是首先找到一个人的声音。"

超越工具和技巧

找到你的声音是成为一名可信的领导者至关重要的事情。如果你不能找到自己真正的声音，你会说着那些根本不像你的某个演讲家的话。

找到一个人的声音是每个艺术家都能理解的事情，而且每个艺术家都知道找到一个人的声音，不是一个技巧问题。它是一个

时间和寻找灵魂的问题。

几年前,我们和一位艺术家朋友一起出席了画家迪本科恩(Richard Diebenkorn)的作品回顾展。在走到画廊尽头的时候,这位朋友做出了以下评论:"在一位艺术家的生命中,实际上有三个阶段。在第一个阶段,我们画外在的风景。在第二个阶段,我们画内部的风景。在第三个阶段,我们画我们自己,这也是你开始具有自己独特风格的时候。"这是我们曾经接受过的最重要的艺术欣赏课。它同样适用于领导力艺术的欣赏。

当我们刚开始学习领导技能的时候,我们画我们看到的我们自己之外的东西——外在的风景。我们阅读关于著名的领导者的传记和自传,阅读富有经验的经理、主管人和专家学者们的书,出席由授勋的军官所做的演讲,购买有关动机的演讲者的录音带,参加专家举办的培训班。

我们通过以上努力来掌握基本原理、工具和技巧。我们先是很笨拙,失败多于成功,但是很快,我们就可以熟练而且轻而易举地做演讲,很恰当体面地主持会议和很有风度地表扬一名员工。这绝对是一个重要的阶段。一位有抱负的领导者不会比一位有成就的画家有更多捷径可走。

然后,在沿着这条道路前进的某个地方,我们会突然发现上一次演讲听起来是那么机械呆板和生搬硬套,上一次会议是那么令人厌烦,上一次相遇让人感到是那么令人沮丧和可怕。我们意识到了所说的话不是我们的,语言是别人的,技巧只是从课本上搬来的而不是发自内心的。

这是一个可怕的时刻。我们已经投入了那么多的时间和精力来学习做正确的事情,我们突然发现我们所学的不再能很好地辅助我们了。它们看上去如此空洞,我们感觉自己像一个伪君子。我们开始进入我们内部风景的秘密之处,我们开始想知道里面究竟包含什么。

第11章

找到你的声音

对于有抱负的领导者来说,产生了这种意识就开始了一段时期的认真探索:一段时期的实验;一段时期的创造发明;一段时期的超越技术、超越培训、超越模仿大师,以及超越听取别人的建议。如果你向它投降了,只有在经过令人疲惫不堪的实验和常常是需要费心费力的痛苦之后,你才会进入第三个阶段,用抽象的笔在画布上描绘出自己。

大多数的领导力开发还处在第一个阶段,画外部的风景,模仿别人的风格,并且尽力效仿卓越的领导者。我们希望能激励你超越第一个阶段,进入内部领域,这样,你就可以到达光明的、能找到自己的真实声音的地方。

和关心人有关的其他因素

诗人怀特(David Whyte)曾经写道:"声音表达出我们想从我们的生活里得到什么。它强迫我们问我们自己,谁正在说话?今天谁来工作?谁正在为了什么工作?我真正关心的是什么?"

找到自己的声音,开始问自己怀特的问题。当你在讲话的时候问一问,谁在讲话?它是你的声音吗?还是别的某个人的?今天谁来工作:你全身心地到场了还是只是你的一部分来做工作?是哪一部分?你正在为了什么而工作?你真正关心的是什么:名声?财富?权力?家庭?人?成就?自由?快乐?安全?智慧?

回答自己这些问题是很重要的——对找到你的真正的声音,因为实际上你不可能领导别人到自己不愿意去的地方。如果没有对某事的强烈激情,你怎么可能鼓舞和激励别人来一起做这件事情呢?在接近火焰感觉到热之前,你又怎能知道热的来源?

还存在另一种可能性。也许人们不想追随你到你想去的地方,除非你确切地知道它,否则他们是不会确切地找到的。

对这些问题的答案只有当你愿意开始踏上你的内部之旅的时候才会出现——这是一个需要敞开被关着的门的旅程，走在令人害怕的黑暗中，触摸燃烧着的火焰，但是，终点是真理。

在这个行程中，有一个你必须面对的事实。当我们开始这本书的时候，我们说过有效领导力的核心是对人的真诚关心。你必须要面对的事实是：你对你所领导的人真正有多关心？我们的猜测是你很关心。如果不是这样的话，你可能就不会读这本书。

这是少将斯坦福（John H.Stanford）在许多年以前教给我们的。他从那时候起离开军队成了西雅图统一学校行政区（Seattle Unified School District）的学校的视导员。但是他的话在今天和在当时一样意义深远。我们几乎在每次做演讲或主持研讨会的时候都重复这一课，现在，我们再一次把它提出来。

我们问斯坦福他是否愿意告诉我们他将如何着手开发领导者。他回答：

"每当有人问我这个问题的时候，我都告诉他我有一个成功的秘诀，这个秘诀就是生活在爱里。生活在爱里给了人热情，使你能够真正点燃别人，看到别人的内心世界，有更大的把事情做好的决心。一个没有爱的人不可能真正感受到那种帮助他人获得成功、领导他人及如愿以偿的兴奋。我不知道生活中还有什么热情、什么事情比爱更使人愉快、更给人积极的情感。"

在我们和他谈话的时候，"生活在爱里"并不是我们预料的答案。但是在经过这么多年对这个主题的研究之后，我们发现没有比"生活在爱里"更好的使你成为最棒的领导者的秘诀了。当你和你所领导的人、你所提供的产品和服务，以及你所服务的消费者和客户沐浴在爱里的时候，你正在将你的心灌注其中。

第 11 章 找到你的声音

我们知道你可以学习领导，但是不要把领导力与职位和地位混淆，不要把它与结构和系统，或者与工具和技术混淆。它们不是让你赢得下属的尊敬和承诺（忠诚）的东西。最终使你赢得他们尊敬的是你是不是你说你要成为的那种人，以及你的表现是不是他们想要的。

总之，问你自己：**你是谁？**

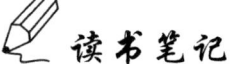 读书笔记

第12章

激励人心的150种方法

激励可以有各种各样的形式，一句谢谢你、一个故事、一个微笑，以及盛大的授予仪式，唯一的束缚是你的想象力。

本章给了一些让你开始行动的主意。大多数是我们曾经观察到的或精选于别人给我们的投稿。你可将下面列出的方法，根据自己的情况加以改造，把它们结合起来或单独使用。

我们根据七个要素将它们分了类，这样，你就可以把你的注意力集中在你最需要努力的那些领域里。但是正像你所看到的，这些行动中许多都包含了不止一种要素。

最重要的是，它们充满了乐趣。设计这些活动的目的是要促进你的学习，而这种学习应该是一个高兴、快乐的过程。

第一个要素：设定明确的标准

1. 花时间澄清你和你的团队必须遵从的重要的价值观或行动原则。写下你对以下问题的回答："应该指导我的日常决策和行动的价值观都是什么？我的工作和相互交往的人的呢？"我们有的时候把这个称作"信念备忘录"练习。它有些像在你准备开始一次长期休假前写给同事的短信，告诉他们当你不在的时候，这些是你希望他们用来指导他们的行动和决策的原则。

2. 要求你的合伙人——那些你定期和他们一起工作的人，也做相同的练习。

3. 如果你已经做了第一项里的练习，取出写下你价值观的那张纸，

激励人心的 150 种方法

问你自己:"这些在多大程度上仍然代表着我相信的应该指导我们的日常决策和行动的价值观?我想加进去什么吗?我想删除什么吗?我想做任何优先顺序的改动吗?"

4. 将你的价值观宣言贴在一个显眼的,而且你知道你会经常受到提醒的地方。在你的钱夹里放一个副本。在你的计划本里放一个副本。把它放在桌子上,像黄色的即时贴那样贴在你的计算机上。几个世纪以前,马丁·卢瑟确实将他的信条钉在大教堂的门上,它发动了一场运动。你为什么不呢?

5. 你的下一次团队会议的主题成为"我们的价值观"。要求每个人都大声说出他们信仰什么。倾听并且观察。每个人都共有的价值观是哪些?什么价值观看起来是某些人独特的?价值观有重大的冲突吗?谈谈你们如何可以尊重个人的价值观的同时作为一个团队又拥有指导你们集体行为的共同的价值观?将集体的价值观贴在你们所有人的工作场所的公共区域内明显的位置。

6. 如果你的组织有公司宗旨,或某种公布了的价值观宣言,那就把你自己的、你团队的和你公司的宗旨并排贴在一起。它们在多大程度上是和谐一致的?在哪些方面有多大程度的冲突?组织的价值观和个人的价值观之间的匹配程度怎么样?需要做什么变化?哪些需要再次讨论?

7. 每次开始一个新项目的时候,你要确保树立了 SMART 目标 [明确的(Specific)、可测量的(Measurable)、可得到的(Attainable)、结果导向的(Result-oriented)和限制时间的(Time-bounded)]。如果人们树立了他们自己的目标,那就最好了,指定的目标也比根本没有目标好。确保这些目标对于工作在该团队中的每个人都是明确的和可以达到的。

8. 确保人们能够得到定期的、详细而明确的反馈。记住我们从研究中所认识到的:反馈和目标的结合本身就能够激励人。当人

们了解他们要向哪里前进，以及他们已经走了多远的时候，他们会感觉更好，生理上更健康，并且能够获得更高水平的绩效。因此，要确保人们定期获得他们在朝向目标方面所取得进步的反馈。这也许来自你："嘿，我们已经到达了项目的转折点。做得不错。让我们庆祝一下！"

9. 但更好的是创造出能够让人们监控自己，从而了解已经取得了多大进步的方法。我们用来写作本书的软件能够使我们在任何时刻都计算出我们已经写了多少页、多少字、多少段、多少行和多少个字母。我们了解我们的合同在页数方面的要求，我们也了解最后期限。我们是完全自我监控的。这肯定要比每天都被编辑打扰，问"你们进步如何？做得怎么样？"感觉要好。

10. 下一次——而且每次——当你因为做事正确或做了正确的事而认可一个人或一个群体的时候，确保要宣布标准。在开始的时候宣布它，在结束的时候要重复它。说一些类似这样的话："我们这里要表扬的事情之一就是你对我们的消费者令人吃惊的周到服务。让我们来告诉你们有关它的……记住，就像 Bev 所做的，让我们每次都使他们吃惊！"

11. 如果你的公司要分发红利，设法将红利和人们如何达到或超越组织所珍视的价值观联系起来。当分发支票的时刻到来的时候，附上提到成为价值观典范的行为的短信。在我们曾经合作过的一家公司里，33%的红利——对有资格的雇员的激励是和他们兑现价值观的程度直接相关的，他们的评定等级来自他们的直接下属。这就是说话算数，说给钱就给钱。

12. 参加一门如何树立目标的课程或阅读这方面的一本书。

13. 参加一门如何给予绩效反馈的课程或阅读这方面的一本书。

14. 参加一次静修活动，该次活动的目的是探索生活和工作的意义和目的。

15. 想出一个你所敬佩的以原则为中心的模范人物，和这个人访谈一次。找出他们是如何发现自己的价值观的。

16. 就像童子军和军队中做的那样，发明或挑选一些引人注目的标记人们的进步的象征性的方法。那些表示"你把它做到了一个更高水平"的有别针的徽章、勋带、臂章、奖章、证书等都向接受者，以及他们的朋友、家庭和同事传送着意味深长的信息。

17. 下一次电视上放映或音像商店里有《奖品上的眼睛》(*Eyes on the Prize*)这部关于民权运动的电影时，一定要观看。它是一个关于目标的力量和人们实现梦想的献身精神的令人佩服的故事。

18. 让你的眼睛盯着奖品！

第二个要素：期望最好的结果

19. 记住自我实现的期望的原理：人们倾向于和你对他们的期望行动一致。皮革马列翁效应同样适用于你，因此，对于你自己的领导能力要有积极和乐观的想法，对于你周围人的成绩也应该这样。如何做到呢？让你的周围都是那些可以提醒你的优势和能力的积极的人。

20. 练习微笑。这不是一个玩笑。微笑和大笑自然地释放出我们身体里的击退沮丧低沉，并且提升我们心境的化学元素。试试吧。

21. 问你自己："我的确相信团队里的每个人都能够达到我们所树立的目标和遵从我们已经达成一致的价值观吗？"如果你的答案是"是"，确保你通过语言和非言语行为将这传达给了人们。如果你的答案是"否"，想出你可以做些什么来把你的答案变为"是"。为了使其发生，你和他们必须发生什么变化？努力去实现这些变化，你可以做到这一点。

22. 下一次你和你的下属谈到她在一个项目里正遇到的困难的时候,要确保在谈话中,你时不时地说"我知道你能行的"或有类似效果的话。你要有意识地去这么做。

23. 指派人们去完成一些超出他们工作范围之外的重要任务。让他们知道你之所以指派他们去做这些不寻常的工作是因为你对他们有强大的信心——你相信他们有能力表现优秀。为他们提供为了圆满完成任务所需要的培训、资源、权利和训练作为一种有约束力的许诺。

24. 像班尼特(Don Bennett)的女儿(第5章)那样,下一次,当有人在通向成功的路上奋斗的时候,找到一个在他攀登最困难的那一段的时候陪伴在他身边的方法,告诉他:"继续,你能行的。我知道你能行的,你是这个世界上最棒的。"

25. 练习设想。现在,设想出海滩上的落日,浪花冲刷着海岸。设想在一个热天的凉爽的森林里轻快地流淌着的溪流。设想在春天一片绽放着黄色野花的草地。设想在早春的时候,随着雪的融化,百尺瀑布冲向山谷的底端。你可以想象出这些景色吗?在你的眼睛中是否有了一幅图画?当然你可以。和另一个人坐下来一起讨论它们丰富的色彩和结构。创造心理图像并且清楚地将它们传达给别人的能力是一项至关重要的领导力技能。

26. 应用在你心灵想象景色的视觉能力来想象你作为领导者想要完成的事情。设想你和你的团队达到了你们所渴望的顶峰,无论现在是否会。就像在上一项里给别人描绘海滩落日一样也给别人非常详细地描绘这幅图像。让别人加入进来。创造关于你们的将来的丰富的有感觉的设想,看着它、闻它、品尝它、听它、触摸它。尽可能地让它和现实一样。你在这方面做得越好,你的团队就越可能获得更高水平的绩效。这并不是幻想。

27. 购买或制作一些鼓舞人心的海报贴在你的机构的墙上。通过这些或别的方式，找到一些能够使你的积极的期望被看见的方法。

28. 在你的机构里四处走动，确保这些海报都贴在墙上。它们传递了积极信息还是消极信息？分析公司的年度报告、你自己和你的主管人员的演讲、公司的简报，以及公司里的其他沟通媒介。它们是积极的还是消极的？做你可能做的任何事情来把它们转变为积极的。记住第5章中所说的文化的兴衰。当愿景是积极的时候，文化和组织就在升华。

29. 下一次当你参与使人们获得新知识或新技能的训练或培训的时候，确保你要大声地说你知道这项技能是可以通过后天的努力得到的。告诉他们，他们可以学会它。即使你认为这一点是明显的，也还是要大声地说出来。把这个信息传达给你的学员们非常重要。当然，你自己必须要相信这一点，所以如果你实际上不认为一项技能是可以通过后天的努力得到的，而是天生的，那么，不要接受传授技能这一任务。

30. 人们常说能够判断某个人是不是领导者的方式应该是看有多少下属自己成了领导者。你组织里谁有这样的声誉？谁有鼓舞、提升和发展别人的自尊的声誉？如果你不知道，就问问周围的人。设法请求尾随这些人几天来观察他们做了什么。问他们一些行动的要点。

31. 给你的孩子或别人的孩子读儿童故事《小发动机能做的》(*The Little Engine That Could*)。问孩子一件她认为不可能做但实际上做到了的事情。它像什么？什么导致了事情的突然好转？把你所领悟到的应用到你的组织里。

32. 阅读乔治·萧伯纳的《皮革马列翁》。这是关于积极的期望的力量的经典小说。租看《窈窕淑女》的录像带，是萧伯纳小说的电影版，它展示了相信自己的力量。观察伊莱扎（Eliza

Doolittle）是如何逐渐发展出她可以学会的信心的。

33. 学习如何沉思、冥想。每天都练习，熟悉它。
34. 听一盘关于心理意象和心理预演的录音带。每天都练习。（注意：这是一类你一般不愿意在你的小汽车里听的录音带。）
35. 到当地的图书馆去租一盘马丁·路德·金 1963 年在华盛顿特区的林肯纪念堂所做的《我有一个梦想》的演讲的 CD 或录像带。听他所做的有声有色的描述。你可以看得见他所说的。在你自己的演讲里也开始努力加进去有声有色的描述。

第三个要素：关注所有的人和事

36. 每天离开你的桌子 15 分钟，唯一目的就是更多地了解你的每位关键下属。他们是谁？他们的需要和抱负是什么？他们需要在自己的工作中找到的更大的乐趣是什么？他们希望如何被奖赏？
37. 当你进行走动关心的时候，随身带着一个袖珍笔记本来记录正在做正确的事情和正在正确地做事情的人。确保不只是记下了名字，还要记下有关情境、涉及的人、行为有何特殊，以及它们是如何与你正在强化的标准相符合的细节。在后面你讲述你的认可故事的时候用上这些。
38. 同样，记录下来人们欣赏（或不欣赏）的"礼物"或认可的类型。记住，对有些人来说，闪光的未必都是金子。
39. 开始在你的计算机上或一个你可以在公文包、钱包或口袋里带着的日志上写一个认可的主意，在里面记录下来你脑海里出现的认可和奖赏个人贡献，以及庆祝团队成就的点子。注意那些我们都曾经遇到过的经历或目击到的非常有效的这类事件的时刻。你也可以从电视、电影或书里得到一些主意。一个可以让你草草记下这些主意的日志会成为记忆的工具，

第12章 激励人心的150种方法

也会成为你搜寻集中在激励人心方面的新方法的工具。

40．不要把等待一个仪式时机作为推迟认可某人的借口。如果你注意到了值得立刻认可的一件事情，就走上前去说一些"我刚巧看到你是如何处理那位消费者的投诉的。你积极倾听和做出反应的方式正是我们正在寻找的典型。你所做的对每个人来说都是榜样。谢谢你"之类的话。如果你正好带着一些当地咖啡店或饮料店的免费饮料的优惠券，这是一个散发出一张的好机会。

41．拿一个留有可以写下你的关键下属生日的空白的年历。在上面也写下他们加入这个组织的周年纪念日。在这些日子里送一封短信或做一次拜访。

42．暂时站在别人的位置上想一想。志愿去替别人做一些工作。卷起衬衫的袖子投入进去。人们欣赏和感激你的努力，你也会对你的同事所做的工作有更好的了解。

43．带着寻找模范执行组织标准的行为和人的明确目的四处走动。当场就对那个人认可。

44．开列出一个简短的工作做得比规定的期望还要好的人的名单。特别关注那些最好地体现了团队的价值观和优先考虑的事情的人。然后草草记下至少三种在接下来的几周内就可以把他们挑选出来进行表扬或奖赏的方法。不要等待太长的时间，及时把你的计划付诸行动。

45．设想有一个人拿着录像机跟着你，并且把你每天的四处走动拍成了电影。然后，设想你正在看录像带。你正在发送什么行为信号？它们表达出你正在寻找做事正确和做正确的事情的人的信号了吗？你看上去像一个巡视的执法官吗？你可以采取什么特殊的行为来传达我来这里寻找我能够找到的所有积极的例子的信号？

46．根据记忆列出一张你的每个关键下属在他的工作场所放的物

品的清单。当你完成之后，立刻过去看一看你的记忆是否准确。然后去和那些你回忆不起来的人花一些时间在一起——在他们的工作场所。

47. 如果你的公司是一家虚拟公司，你没有机会拜访和你一起工作的每个人，那就请人们给你详细描述一下他们的工作场所，说一说他们的桌子上有什么、墙上有什么。告诉他们你正在努力感受他们的工作环境。

48. 现在，注意你自己的呼吸。你注意到了什么？写下来。留心注意你日常生活的最普通和最直接的事情的能力能够帮助你和你周围正在发生的事情更加协调一致。

49. 现在，注意你的心跳。你注意到了什么？写下来。

50. 现在，注意你近邻的声音。你注意到了什么？写下来。

51. 下一次看电影的时候，留下来看致谢名单。注意电影的制作者是如何设法对几乎是每个参与的人都认可了。你可以对正在为你制作"电影"的每个人做到这一点吗？如果不能，创造一种确保你可以记录下每个人的名字和贡献的方法。想一想你的"电影"的结尾，看一看致谢名单。

52. 下一次当你看一个类似奥斯卡颁奖仪式的时候，特别关注你喜欢哪个获奖者的演讲，不喜欢哪个的，以及为什么。将这些最好的主意融入自己实际的认可行动中去。

53. 下一次当你听到某个人在谈论他自己、他的工作及什么东西重要的时候，用你的"双眼和心"来倾听，不要只是你的耳朵。你用你的双眼和心倾听的时候听到了什么用耳朵听不到的东西？

54. 在下一次的午餐时间，和你的团队一起在桌边逗留。在我公司的办公室，星期五是比萨饼午餐日。公司购买，我们都围坐着，聊些"废话"。没有议程，我们仅仅是互相了解，聊些大家脑子里想的东西。

55. 在你的下次团队会议上，泄露一些别人不知道的你自己的事情。我们在这里不是说深层次的秘密，仅仅是一些能够让别人更好地了解你的事情：你有几个兄弟姐妹、在你家里长大是个什么样子、你进入组织的最早的记忆、你一直以来都喜欢的那些乱七八糟的东西，任何可以让你对别人更加开放的东西。也鼓励他们做同样的事情。记住，公开带来信任，而信任对于你的个人信任度是至关重要的。尝试着实践更多的公开。

56. 向你的同事询问对你行为的反馈，特别是你在激励人心方面做得如何。基本规则是你只可以为了澄清而提问，并且最后必须说谢谢。

第四个要素：使认可个人化

57. 回顾有人意味深长地并且令人难忘地激励了你的心的一次经历。他做了什么使那一次是特别为了你的？他是如何使其为你个人化的？记下来你所学到的经验，并且应用它们。

58. 告诉组织里的人们你自己的"最有意义的认可故事"。请他们也说出他们的。经验的共同点是什么？

59. 和工作以外的朋友聊天。请他们告诉你他们所接受的特别感动或影响了他们的认可的故事。有时，伟大的主意就来自这样的谈话，因为你可以分享人们由于他们的努力得到致谢的时候是如何受到影响的内心体验。

60. 下一次当你代表你的组织做演讲而你又必须要佩戴姓名标签的时候，佩戴你的组织里别人的姓名标签而不是你自己的。（陆军少校约翰·斯坦福有一次在圣克拉拉大学演讲时就是这样做的。他想表达他的副官对他是多么重要，所以他就佩戴了那个人的姓名标签。）注意这样做的感觉如何。当那个人

知道你佩戴着他的姓名标签时感觉又如何?

61. 在你的一次演讲结束的时候,说一些类似"我公司里的同事们今天不能和我一起来,我真心地希望我很好地代表了他们"的话。

62. 就像现在许多航空公司做的那样,给你的消费者、供应商和其他员工奖券来奖赏做了好事情的人。让这些奖券可以兑换某种奖品。

63. 尽每分努力使每次认可事件都个人化,让接受它的人感到自己是被特别欣赏和感激了。比如,给你办公室热爱骑自行车的人,一个小的可以摆在桌面上的塑料自行车模型作为认可奖品,贴上一封短信,写上:"当你工作得晚了,绕着街区快速周游吧。"

64. 努力做英格里希(在第 7 章)所做的:给你的组织里做了某件特殊事情的人所爱的一个人写一封感谢信。

65. 给你的下一位月度明星家里送香槟酒或苏打苹果酒和鲜花。

66. 邀请接受者的家庭参加一个特别认可仪式。

67. 每次在你计划认可行动的时候,都问自己:"我可以做些什么来确保对这个人来说是特别的、戏剧性的和独一无二的?我如何可以做到像在设备里插的旗帜、冰箱里的部件、给同事的儿子的信那样有意义的事情?"

68. 每次在你计划一个认可仪式和希望送一个礼物的时候,问自己:"这是那个人会欣赏和感激的东西吗?"

69. 在你的组织里创造一种特殊的认可的象征符号。比如我们使用斑马,有那么多的斑马 T 恤、斑马酒杯、斑马杯子、斑马铅笔、斑马别针、斑马卡片和斑马什么之类的是令人惊异的。创造性地想出你的奖赏,它们要有乐趣。

70. 设法获得你打算认可的某个熟人的帮助。问他这个人喜欢什么、什么能够使认可特别。通过掌握这种第一手资料,你在将奖赏和实际绩效联系起来的时候就更可能个人化。

71．在公司的简报、年度报告或部门新闻中刊印你想认可的人的照片或名字并加上标题和说明。如果有地方，还可以加进去一个简短地描述了这个人的特别贡献的故事。

72．创建组织的名人纪念板：一块放小铭碑或者手写短信的区域，认可所有的曾经做过杰出事情的人。

73．你的想象力和创造力是个人化认可的唯一局限。把两者都充分利用发挥起来。

74．向一个员工最喜爱的慈善集团捐献并且在公司聚会或部门聚会上予以宣布。

75．在公司的自助餐厅里陈列写有被感谢人姓名的标语。

76．参加创造力的一次课程或活动小组。

77．参加一门素描、绘画或摄影课程。

78．学习使用一个软件程序创造令人兴奋的图形。

79．参加一门广告或促销的课程来学习鼓舞人的词汇和景象，将这些方法转化到激励人心方面。

80．不论在什么地方和什么时间，每次当你对某人所做的某件事情感到欣赏和感激的时候都亲自说"谢谢你"。这是好的习惯，也是好的举止。

81．发誓你再也不会不将你所做的每次认可、所举行的每次庆祝个人化。

第五个要素：讲述故事

82．你现在也许正在计划着在接下来的几天内认可某人或某个群体。不管你要做什么事，一定要保证尽你所能地详细讲述这个人做了什么的故事。如果可能的话，设计出重演这个事件的方法来。在你的组织里肯定有讲故事的能手，花一些时

间和他谈一谈他是如何擅长这一点的。尽你所能地获得一些技巧。

83. 下次有机会的时候，给别人讲述一下你的最意味深长的认可的故事。

84. 在你的一次团队会议上安排的唯一议程就是让每个人都讲述一下他（或她）的最意味深长的认可的故事。

85. 在另一次团队会议上安排的唯一议程是讲述主题为"我听到了与你有关的好事情"的故事，这里的"你"指的是一起工作的某个人。

86. 绝对不要错过任何公开地讲述组织里的人如何达到并超越职责要求的故事的机会。走廊里、电梯里、自助餐厅里和会议室里都是讲述一个好故事的令人满意的集会地点。

87. 如果可能的话，每当你给予认可的时候都尽力在成就真正发生的地方进行。如果不可行，至少要向人们描述一下当时的情境，这样人们就可以在自己的头脑中勾画出场景了。

88. 不要忘记语音邮件和电子邮件，这些也是讲述故事的好媒介。虽然人们希望这类形式的故事短一些，它们仍然是传播好消息的有用的方法。

89. 保持记日志的习惯。尽你所能地记录下每天的关键事件的细节。尽你所能地多捕获突出的和值得表扬的例子。在观察和记录方面的练习在提高你的讲故事技能方面很重要。

90. 在你的下次战略计划过程中融入讲故事的方法。发誓你再也不会只是简单地将幻灯机投影出来的重点重复一遍。

91. 你所看过的最好的真正讲述了一个非常有说服力的故事的电影是什么？租一盘录像带再看一次。你从最喜欢的电影里可以学到什么经验？你如何把这些经验整合到自己的领导力实践中去？

92. 请一个职业的讲故事者——是的，他们是存在的——参加你的一次领导力研讨会,让每个人都学会一些把故事讲好的技巧。

93. 买你最喜欢的一个儿童故事的 CD 或磁带,听一听一个职业讲故事者是如何讲一个故事的。努力用和那个职业讲故事者一样的方法来讲这个故事。

94. 在下一次和你的家人或朋友度假的时候,自告奋勇朗读一个适合那个场合的故事。

95. 参加一个关于讲故事的课程学习。参加你们市里下一届讲故事大会。

96. 每天进晚餐的时候,不要只是泛泛谈论这一天,要讲述一个这一天的故事。描述关于地点、人物和感觉的详细细节。把你的家当作一个练习的舞台。

97. 参加在当地的书店举行的你喜欢的小说作家的代表作品朗诵会。听一听他是如何朗读他的故事的。从他的例子里学会如何在故事里表达自己。

98. 参加一门即兴表演的课程。

99. 访谈一位即兴表演演员。请她谈一些从观众中得到一个简单的主意,然后把这个主意变成一个故事的方法。

第六个要素:一起庆祝

100. 每次庆祝都有一个潜在的双重目的。一个是提供社会支持,我们知道这会让人更加快乐、更加健康并且绩效更高。另一个目的是给予拥护和重视标准的个人、群体或整个组织荣誉。想想当我们用焰火、食物、饮料和有趣的人或事来庆祝独立日的时候,我们也在赞美自由的价值和那些为了让我们拥有自由而献出了生命的人。组织的庆祝有与此相同的功能。要询问你自己受到尊敬的基本原则和我们应该如何从中

获得乐趣。

101. 拜访你附近的一家聚会用品商店。你可以找到数不尽的如何让聚会变得更加喜庆的主意。

102. 拜访一家你知道的工作中真正充满乐趣的组织（西南航空公司就是一个例子）。查明是什么使得这个组织在庆祝的时候如此有创造力。

103. 参加当地的运动会。当啦啦队队长、教练和运动员在庆祝大大小小的胜利的时候，观察这些人。把注意力放在他们的热情和活力上。观察人们是如何表达这种热情而那些接受了它的人是如何被影响的。留心你是如何被这些庆贺影响了的。

104. 在一次婚礼或其他庆祝活动中，在心里记下来你喜欢什么或什么使你对这次活动感到兴奋。看看你能否将这些主意整合到激励人心的计划里去。

105. 如果你的组织没有很多的庆祝，启动一个非正式的庆祝特别工作组。因为除了特例，首席执行官们一般不倾向于赞助这类项目，因此这个特别工作组可能不会得到薪酬。让使工作场所快乐成为自己的任务，从善于发明创造的人那里得到启示，并且在工作中创造出自己的乐趣和游戏。

106. 在你的工作场所挂起一个"夸耀板"。粘贴上来自消费者、供应商和同事的表示欣赏和感激的短信。邀请每个人都将自己和别人的短信和照片贴上去。

107. 以一轮公开表扬来结束你的每次团队会议。

108. 在组织改变和转变的时候，人们需要聚在一起谈论他们的感受和进展。在这些时期，社会支持是至关重要的，因此，确定固定的时间让人们有机会互相学习。如果情形特别紧张的话，邀请一个外部的支持者加入你的群体可能对你有帮助。

109. 确保使用特殊的庆祝来标记特别重要的转变，如公司周年纪念日、合并或并购、新产品投放市场等事情。你也许不能在

你的大楼里建一个临时的九个洞的微缩高尔夫球场（像第9章里的 The MathWorks 公司那样），但是你可以做一些什么事情使得活动独一无二并且令人难忘呢？

110. 给每次庆祝定一个主题，可以突然在某个晚上举行以给人惊喜。

111. 正式的活动是重要的，但是非正式的活动可能更加频繁而且容易做到。组织一些把人们聚集到一起的非正式的方法有特别午餐、野餐、午间体育比赛（排球、投篮、垒球比赛等），任何一种可以提升友情和人际支持的事情。

112. 在组织一次庆祝的时候，确保每个人都了解是关于什么的：日期、庆祝的原因、在什么地方举行、人们如何取得参加的条件。我们都知道如果不被考虑在内的感觉是什么，因此，特别注意传达这些信息。

113. 让人们参加到对庆祝的策划中来，不要自己一个人去做这些事情。共同策划提供了社会支持，让人们在一起大笑，而且比一个人处理所有的事情创造性更大。

114. 在下一次庆祝会上时，穿着化装服出席。一度是美国最富有的男人的萨姆·沃尔顿（Sam Walton）都愿意穿着草裙舞的服装在华尔街上跳舞，那么我们为什么不可以为了一次特别活动穿上小丑的服装？而且，当人们可以和像这样的老板在一起大笑的时候，人们会喜欢。西南航空公司的柯尔荷（Herb Kelleher）和四方制图（Quad Graphics）公司的柯德罗斯（Harry Quadracci）（还可以叫出好几个首席执行官的名字）曾经通过公开展示他们的幽默而获取了巨大的成功。

115. 在你办公室门的附近放一个微波炉。每天大约在下午 3：00 的时候，做一些爆米花。邀请大家伙儿休息一下，和你一起讨论这一天过得怎么样。如果爆米花不是你想要的，那么冰激凌制造机或一篮子水果怎么样？

116. 经常在手边准备一些宴会的小礼品。指不定什么时候因为员工宣布婚礼、一个孩子的出生或其他个人的成就时,你就需要在这个自发的庆祝上送出礼物。

117. 经常在你的抽屉里准备一些当地电影院的票。通过两个人(或更多的)晚上出去看场电影来让这个人感到惊奇。

118. 在某天中午,对每个人都说:"让我们看电影去吧。"然后去看日场电影。

119. 印制短信卡片,在顶上写上:"我听说了有关你的某件好事……"留下足够的空间让人们为同事写个人化的短信,描述那个被认为是值得认可的特殊的情形。你自己也利用它来认可你的员工。要给每个员工都分发一叠这种卡片并且鼓励他们彼此之间互相认可。在一个很显眼的地方提供一个公告牌,人们可以在那里展示他们收到的卡片。

120. 一家南加利福尼亚医院制作了"赶上我"的纽扣。每次当一个管理者或下属看见有人正在正确地做事情的时候,就把这一点告诉给他,并且把自己的纽扣送给他。在月底,纽扣可以用来兑换奖品和奖赏。

121. 在田纳西州有一个护士之家,毗邻一家大医院,它通过一个简单的写有"富有同情心"的别针来认可自己的员工。在一个病人常常不能说出谢谢你的地方,这些别针对员工有很大的意义。它们代表了有人对他们的付出予以认可。

122. 为你的团队所达到的即使比较小的转折点设计节日似的庆祝。不要等到整个项目全部完成才去庆祝。立即致谢能够使团队保持活力和高涨的热情。

123. 就像独立日一样,每年留出一天作为全组织范围内的特别的庆贺日。

124. 到小丑学校里去,在那里你能够学会大笑和与周围人开玩笑。幽默是人们在领导者身上寻找的某种东西。这不是玩笑。

第12章

激励人心的150种方法

125. 每个季度到当地的喜剧俱乐部度过一个晚上。有一些俱乐部还提供课程。如果可能的话，就上几节课。

126. 下回在你的某一次会议上，将唯一的日程安排为讨论当时人们在组织里工作的感觉。

127. 和至少一个人发展出一种关系，你可以和他讨论美好的希望和最坏的担心、最伟大的成就和最沉重的失败。

 第七个要素：树立榜样

128. 做一次 DWYSYWD（回顾第 10 章）。取一张纸，在中间画一条线。在线的左边写下你的价值观：你希望领导你的组织遵守的原则。在右边，写下你的行动：你是如何实现每条价值观的。当然，能够从这个练习里获得任何有价值的东西的唯一方法就是要完全诚实。如果你没有为实现价值观做任何事，就让它空着。如果你认为自己的行为和自己支持的价值观是相反的，那就写下这条陈述。给自己的行为评定出等级。你的价值观和行动是一致的吗？你的优势在哪里？你在哪里还有可以改进的机会？制订一个可以更好地使价值观和行动一致的计划。

129. 现在再做一次 DWWSWWD（回顾第 10 章）。进行和上面的第 128 项一样的过程，评估自己在实践和群体共享的价值观方面的行为如何。

130. 设想你正在被树为榜样，人们必须看得见你正在做你说你要做的。

131. 尽可能多地亲自参加认可和庆祝活动。如果你不出席员工的庆祝会，你就是在发出你不感兴趣的信号。这种兴趣的缺乏一定会反射回给你自己。

132. 鉴别出在你的生命中那些真正鼓舞了你的经历，然后把这种

鼓舞带进你和员工的谈话中。

133. 每天至少写出并送出三封感谢信。我们从来没有听到过有人因为得到太多的感谢而抱怨，反而总是听到因为感谢太少而抱怨。

134. 寻找你所认识或听说过的在激励人心方面做得比你好的人。向他请教并请他给你一些训练。

135. 请一位同事就你在激励人心方面做得如何给予评价。向他请教该如何改进。

136. 把某种形式的走动关心（CBWA，第 2 章和第 6 章）整合到每天的日常例行工作中去。花时间找出至少两个在已经树立的标准方面做出典范的人。让他们知道你很感兴趣。

137. 每次当你开始一次会议的时候，确保你自己对于你们共享的价值观做出个人的承诺（忠诚）。经常重复有关承诺（忠诚）的一些事情会使你向这个方向前进。你向越多的人、越多次地说出它，你就越难忽略它。

138. 把你们的价值观贴在你和别人能够看得见的地方。

139. 确保你在激励人心的七个要素的每个方面都有一个正面的模范榜样。确保你可以在头脑里想象出一个在每一方面都做得好的人。

140. 经常并且大量地练习这七个要素。如果可能的话，每个时段都要和一个教练或一位值得信赖的同事一起来做，以便你可以得到自己做得怎么样的反馈。

141. 因为你练习和实践了这七个要素，给你自己一些赞扬。找到一种奖赏你自己做了你说你要做的事情的方法。

142. 就像沙劳一样（在第 10 章中），创造自己的认可提示牌、屏幕保护程序或其他装置，以便你能够看见可以用来激励人心的方法。

143. 在你的门上或小书房里挂一个写有"乐趣"的标志。

144. 想一个在你的部门或组织里典范地实践了你的组织的一条标准的人。再想出另一个在另一条标准方面做出典范的人。找到一种让这些人之间彼此训练的方法。

145. 确保别人知道你在示范激励方面所做出的努力。告诉人们你如何努力并且成功或努力却失败了的故事。分享你所学到的经验和教训。

146. 将你在激励人心方面的实验记录在日志里。哪些是适合你的？哪些不适用？你学到了什么经验和教训？这些努力在你作为领导者方面对你产生了哪些改变？

147. 下一次当有人认可你的时候，将你自己的想法和感觉记录下来。（经验是最好的老师，但只有在我们反思它的时候才会得到。）然后给那个人送一封感谢信来表达你对于学到的经验的欣赏和感激。

148. 提供讲授激励人心方面的课程。学习某种东西的最好方法是把它教给别的人。当你必须站在教室前面的时候，你就不得不记住更多的你准备的东西。

149. 练习"将激励人心融入生活"，也就是说，制订一个将其作为你生活的一部分的计划，比如说一星期，在那段时间内，你必须在工作中、在家里和在邻里、在购物、外出吃饭和参加体育活动的时候都要努力去激励人心。就这一周，看看这样的生活是个什么样子。

150. 阅读《1 001种奖励员工的方法》《1 001种激励员工的方法》《301种让工作有趣的方法》来获得2 303种更多的激励人心的方法。

还有另一个给你！

现在，站起来为你因为阅读完了本书而鼓掌！你激励人心的决心值得庆祝。谢谢你。

和朋友们、同事们一起来努力创造你们的 150 种激励人心的方法吧！把你们的任何主意都告诉我们，我们会找到把它们和别人共同分享的方法。你们可以把它们传真给 Jim Kouzes（650）326-7065 或 Barry Posner（408）554-4553，或用电子邮件（jkouzes@tpgls.com 或 bposner@scu.edu）。

反侵权盗版声明

电子工业出版社依法对本作品享有专有出版权。任何未经权利人书面许可，复制、销售或通过信息网络传播本作品的行为；歪曲、篡改、剽窃本作品的行为，均违反《中华人民共和国著作权法》，其行为人应承担相应的民事责任和行政责任，构成犯罪的，将被依法追究刑事责任。

为了维护市场秩序，保护权利人的合法权益，我社将依法查处和打击侵权盗版的单位和个人。欢迎社会各界人士积极举报侵权盗版行为，本社将奖励举报有功人员，并保证举报人的信息不被泄露。

举报电话：（010）88254396；（010）88258888
传　　真：（010）88254397
E-mail：　　dbqq@phei.com.cn
通信地址：北京市万寿路 173 信箱
　　　　　电子工业出版社总编办公室
邮　　编：100036